U0001041

人生實用
商學院

誰偷了你的錢？

吳淡如————著

CONTENTS
目錄

第 2 篇 · 成本──
不管投不投資，一定要懂成本

CONTENTS

目錄

第3篇·投資──
投資概念及股、匯、美金

CONTENTS

目錄

第 4 篇・房產──
買房前該懂的幾件事

CONTENTS

目錄

第 6 篇 · 創業——
別以為豬在風口就會飛！創業前，先了解基本原則

目錄 CONTENTS

序

過得其實美好
的衰年 ——
改變心裡的設定密碼

　　這一年出不了國，原以為自己會有禁閉感，這個「衰年」初始時的確揉合著悶與不安。

　　不久就體悟，面臨「不可抗力」事件時，掙扎無用，焦慮無用，只能改變自己的心態。

　　其實，如果不是因為疫情，我可能也沒有辦法好好念這個歷史學博士。嶽麓書院的博士不好考，

更難念，它是全日制的正規學程，並不打算培育「業餘人才」。我三十年前那個遙遠的學位是中國文學，不是歷史學，因為疫情，我得以在台灣參加線上考試。如果不看我沒因為疫情而打退堂鼓，通過複雜的報名和審核課程，線上面試也製造了距離的美感，考官們恐怕不會輕易錄取年紀比同學大一倍的我吧！

錄取了才知道，學校希望所有全日制博士生全部留校念書，課程從星期一上到星期五，如果不是去不了， 按照我原來的計畫，每週飛一次，沒課就飛回來兼顧孩子和工作，不多久一定會把自己搞崩潰的。因為線上上課，必須勤於刷存在感，我上課和報告都特別認真，所以成績也挺理想，就這樣快要把所有學分修完了。

本來，我每年都出國跑兩個全馬。這一年全都

取消或延遲了，但因禍得福，一年間我竟然拿了六大馬的獎牌（其中只有柏林馬是到柏林跑完的）。這當然是偷吃步，線上要求寬鬆很多。

不然，我跑得這麼慢，恐怕只能期待下輩子早點開始，才能跑進波士頓或紐約馬的時速。像我這種曾經是體育小白、本質上四體不勤的人，為了激勵自己別耍廢，出去跑步，到處報名世界各地的線上馬拉松，從十公里到全馬，只要天氣還可以，就出去跑一個。竟然也跑了上千公里，收集了五六十個獎牌在家裡。

這段時間，公司投資的電商也開始有了倍速成長，又做了 Podcast，無心插柳「人生實用商學院」下載已破三千萬人次。本來的目的，也只不過是不想浪費商學院昂貴的學費，想把十年來學到的東西好好整理而已。

疫情也是推卻應酬的好理由。所有晚上都在家陪小孩，這段時間讓我更能輔助她解決學習上的問題，也能每天抱著她睡覺。

也越來越喜歡我們家附近的河濱公園步道，這是我的生活之道、健身之道和哲學之道。跑步時聽著演講，有時寫作靈感如音樂隨著腳步，節拍越來越分明，線上馬成績要求寬鬆，我總有足夠時間幫路邊的野花拍照，到菜市場買一碗豆花，再安安靜靜的上路。

常有人問我這個年紀這麼苦讀勤跑，不辛苦嗎？

當然不，因為我沒把它當責任或義務，也不是不得不。我其實將它定義為樂趣、休閒與夢想。自找的嘛！

改變定義，它就會變得非常有吸引力……你也

會非常有動力。

這或許是我發現的某個小奧祕，改變定義，就是改變心裡的密碼，別人認知的痛苦或辛苦也許會變成你的快樂……一天又一天，當你更熟悉更擅長，就會更能享受。

因為疫情，有空做許多事情，包括身體檢查。

開始跑步七年了，這些年來，我一直是個運動健將，連半馬都可以輕鬆的跑完。不過去做身體檢查，卻發現自己已經有骨質疏鬆的警訊，新陳代謝其實也沒到達標準值，而體脂率竟然是個胖子……

我完全沒納悶。真心知道不管怎麼訓練，年紀騙不了上帝。當你的年齡大於平均值。你再怎麼努力的鍛鍊自己，再努力都沒及格也是正常。

你只能讓自己老得不那麼難看，老得不那麼衰

弱，只不過希望自己不要摧枯拉朽迅速垮，千萬別幻想返老還童。

我們都希望明天會更好。但你真的相信隨著年歲增長，真有全面性優化的可能嗎？

身體，在壯年之後就開始退化。中年之後，那種人力不能回天運的感覺越來越強。我們唯一可能進化的，其實只有精神面。

這個時代的平台革命更迭太快……你的技能、經驗、知識甚至智慧，過去有用，現在未必有用！我們沒有資格教訓年輕人說：「我走過的橋比你走過的路多，吃過的鹽比你吃過的飯還多。」多，未必用得上！那些橋那些鹽，只是沉沒成本！

大部分中年人都以為：只要我錢夠，我就可以退休了！

這個想法只把工作當成謀生的必須手段，忽略了工作的樂趣，也把退休跟等死畫了等號！

　　過去的人在退休後，可能沒太多年歲可以活，現在的醫學卻可能會讓我們在退休後活得比工作的時間久！

　　絕大多數的人，如果沒有持續性收入，肯定不夠活，會感覺自己努力賺來的錢不知被誰偷走了？

　　這幾年來，社會學名詞「內卷化」（involution），成為年輕世代日常生活困境的高頻詞。「內卷化」概念最初由美國人類學家吉爾茨所提出，也有歷史學家將這一概念運用於經濟史研究，用來指稱一種「沒有發展的增長」。更可以用來形容社會生活中高內耗、低創新的競爭局面。

　　我想把這個詞用在只想著退休的個人身上。你是

不是已經內卷化了？我的確看過不少中年男女一直在過著高內耗、低創新的生命。我們責怪家庭或兒女的重擔，讓我們沒有過得那麼幸福，把力氣花在內耗上，並沒有問自己：你有多久沒有從事任何自我創新？給自己新的生命力和新的角度去看人生問題。

閃躲、找藉口、責怪命運，最後聳聳肩嘆口氣說：「哎呀！就這樣也沒辦法。」真的沒辦法？

有時候與其找人訴苦抱怨，不如把時間用在自己「沒做過的新鮮事」上。

我們不妨問自己這個問題：有多少年，你沒有嘗試過新的挑戰或新的學習？做新鮮事，才能夠讓你感覺到自己是一個新鮮的人。離開舒適圈，不必冒險去跳懸崖，最安全的手法是承認自己不足，願意繼續學習。

與其想退休，不如想如何不退化！

人生實用商學院的 Podcast，也是無心插柳，在疫情期間開始的小小創新嘗試。

這一年，我其實還是很忙碌，不過因為不能夠出國，就「省」去在世界各國飛來飛去的時間。對我這種不安於室的人，剛開始感覺失去飛行的自由是有一點落寞的，很快的我就開始為自己找事做。

2020 年我考上了我想要念的千年學府嶽麓書院的歷史博士班，如果旅行還是很自由的話，我的時間其實是會變得很零碎，因為每個月都要飛到長沙去上課。今年，飛不成了，都在線上上課。雖然失去了親身體驗的感動，不過大量節約了時間，像我這樣閒不下來的人，開始問自己：多出來的時間我到底有什麼事可以做？碰巧我的朋友黃大米，她問我可不可以幫她錄兩集 Podcast ？

我當時並沒有收聽 Podcast。她既然願意跑到我家，我就答應了，然後她帶來了地產祕密客敏婷。她們跟我說，為了不要浪費同一段節目，問我要不要開一個，把錄的這兩集也直接放上去？

　　「好啊……」我就這樣隨口答應，於是開始一路走到黑。

　　她們告訴我一開始就上了排行榜（根據我對此年台大數據的推估，新節目有巨大優惠），像我這種意志力和執行力都很有韌性的人，馬上發現如果這樣沒有繼續會對不起聽眾。我想到：我念了兩岸的兩個商學院，當然學到了很多東西，不過也花了很多錢，那不如好好的把學到的知識分享給大家，原因之一是：大家不太可能花那麼貴的學費和那麼多時間去念 EMBA，二，我在過往的演講中，也常常發現大家的理財和對生意投資的概念並沒有體系

化，太過感性、隨意、隨便聽內線，在金錢的投資上常常跟獲利做反向的判斷……。甚至害怕理財，害怕思考，一而再，再而三踩到金錢陷阱的人所在多有！

賺了一輩子的錢，卻存不到養老金。錢怎麼賺，知道；怎麼流失，不知道！也許我可以介紹一些基本的商業概念，還有只需要用到小學生數學的某些數據算法，讓大家更了解金錢心理學以及商業管理學！

可能因為我不想讓自己的學費變成沉沒成本，企圖讓這些商學院的理論或會計學用我最簡單的腦袋來翻譯，於是有了人生實用商學院這個 Podcast，每一天都更新。其實只要你一直動腦，絕對不要怕題材用完，因為這個世界的經濟情勢是瞬息萬變的呀！

人生實用商學院到了第 250 集的時候，其實也大

概就是半年多一點點，已經有超過 3 千萬的下載量！

有人覺得集數已經太多，可不可以講得更簡單一點？於是有《人生實用商學院》這本書！

沒有人能夠肯定自己完全正確，但是如果建立起自己的思考方式，至少不會完全盲從！不會被賣了還在幫人數鈔票，對於所謂的瞬息萬變不至於過度的茫然！重要的是不管是捧什麼樣的飯碗，我們的碗裡要有飯！這世界上唯一的聚寶盆就是學會「理財」＋「洞澈投資」＋「看中長期效果這件事」！

謝謝各位的收聽，也非常感謝你的收看，商學課一點也都不感性，直話直說，不繞彎不設局，但句句都是肺腑之言！

第 1 篇

理財
不當下流老人，這些事越早知道越好

01. 先把腦袋變富有，保證不會活得窮

> 除了早期的文藝小說，這世界上不可能發生你恨他、他還拚命愛你這件事。
>
> 同樣地，你恨財神爺，祂為什麼要來跟你手牽手？
>
> 深呼吸，把你的觀念乾坤大挪移，就能夠掌握理財的最基本原則！
>
> 如果戴遍所有的帽子都不好看，那就是自己的臉型不好；如果做什麼事都衰，那就是腦袋裡的東西不對！
>
> 請換一個有錢人的腦袋，讓自己從內而外開始成為有錢人！

你適合當一個有錢人嗎？當一個有錢人到底需要有哪些觀念呢？

　　這個問題並非沒有解答。以下有個心理測驗，測試你是否可能變成有錢人？

　　首先，我們先來照樣造句。當我說：有錢人是〇〇〇〇的時候，你會想到哪些字眼呢？請用你的直覺告訴我，下面的選項中，你會選擇哪一個！

　　1. 有錢人是腦滿腸肥。

　　2. 有錢人是為富不仁。

　　3. 有錢人是自由自在。

　　4. 有錢人是樂善好施。

　　5. 有錢人做什麼都沒人管。

　　公布答案：如果你的造句對有錢人的看法比較正面的話，將來變有錢的機率比較大；如果你的看法非常負面，比如腦滿腸肥或為富不仁，變成有錢人的機率就相對比較小。

為什麼呢？當你想到錢的時候，就會出現這些負面詞彙，表示你根本跟錢有仇，如果你跟錢有仇恨，那你變成有錢的機率就會下降！有些人可能會說：「可是吳淡如，妳看起來很文青啊！應該要視錢財如糞土。」

誰規定的？我會說：「雖然，我是一個很文青的人，但是我肯定錢的價值。」

肯定錢的價值！

錢有哪些價值呢？為什麼錢很重要？因為金錢，就是一個幫助我們進行商品流通的重要工具！

農夫的米、蔬菜，工人做的器具，都不可能生產後只有自己用，所以需要跟別人進行交易。如果沒有錢，我們跟別人就很難進行交易不是嗎？

錢無善無不善，只是一個被公認的交易工具。所以，錢對於人類社會非常重要。

在華人社會裡有一種士大夫的觀念，他們看不起錢，認為錢很庸俗。在《世說新語》中被稱為「阿堵

物」！但是，你也不能否認，除非你不吃不喝，不跟別人一起生活，否則你一定需要錢。就算你是宗教團體，也必須要有錢才能做善事。像是德蕾莎修女，雖然是宗教人士，但她的募款能力其實也是一流的，這樣她才能擁有更多的金錢去做更多的善事、幫助更多的人。

不過，很多人對於錢還是會有「罪惡感」，認為有錢就會做壞事。這樣的想法其實大錯特錯，因為罪惡的始終不是錢，而是人！人拿錢去買軍火、人為了錢去做壞事、為了錢去貪污，這些最終的問題都不是錢，而是人！

管仲曾經說過一句話：「倉廩實而知禮節，衣食足而知榮辱。」意思是，百姓家裡的糧倉如果充足了，這時候才能夠顧到禮義廉恥，吃飯吃夠了、衣服穿暖了，人才會有品格。這句話倒是不滅的真理，因為人一定要先懂得把自己養活，有了基本的衣食住行，這時候你再來清高也沒關係；而不要什麼都沒有，只隱身在電腦前叨叨念，然後每天當酸民、嫉妒別人，這樣的行為不會讓你變有錢！

有錢的第一步：
趕走心裡的窮鬼

今天你看到有一個 20 歲的小伙子，開著一輛藍寶堅尼從你前面經過，你會有什麼樣的感覺？可能有些人會覺得羨慕，有些人是嫉妒，有些人是恨，也有些人會想：他爸媽應該很有錢吧！也有人會想：怎麼可以寵壞小孩。

會產生這些情緒，是因為我們心中的委屈感、孤單感、恐懼感、自卑感跟好勝心在作祟，其中好勝心本身沒有問題，但如果因為好勝心衍伸出嫉妒、比較之心，就會轉變成強大的負面情緒。這時候你的想法會變得負面，講出酸言酸語或是詛咒車主，而不是「丈夫應如是」的正面思維，這就不是一個好的心態。

如果你出現以上的「四感一心」，那代表你的心中住著窮鬼，這個窮鬼會讓你對自己沒有自信，看不到變成有錢人的希望；所以如果你要變成有錢人，一定要趕走心中的窮鬼。那麼，到底有哪些窮鬼住在

我們心裡呢？經過歸納後，可以分析出四種窮鬼的類型，分別是：

1. **畏首畏尾型窮鬼**：因為害怕導致什麼都不敢做。
2. **不想動腦型窮鬼**：不想努力只想快速賺錢。
3. **莫名花錢型窮鬼**：總是辛苦賺來錢，花到哪總不知。
4. **為人做嫁型窮鬼**：好不容易存了一大筆錢，但卻拿去借人或被騙掉。

畏首畏尾型窮鬼：這一型的窮鬼，會因為害怕而導致什麼都不敢做。但這種類型的窮鬼到底是怎麼來的呢？答案是：這是與生俱來的。會導致這類型的窮鬼出現，是因為我們剛剛提到的「四感一心」中的恐懼感作祟，因而產生這類型的窮鬼，寄居在我們心裡。

這類型的人通常不太敢投資，因為他們害怕失去金錢。芝加哥大學經濟系的教授奚愷元在《別當正常的傻瓜：避免正常人的錯誤，成為超凡的決策者》

一書中提到：同樣是 1,000 元，撿到 1,000 元的高興跟丟掉 1,000 元的痛苦相比，丟掉 1,000 元的痛苦要大於得到 1,000 元的高興。而且如果前者是＋ 1，後者就是－ 2。

正因為害怕失去，所以寧可不要進行任何投資行為，自然就不會有所損失；但這類型的窮鬼卻沒想到，就是這種「什麼都不做」的行為，才有可能讓你遭受到真正的損失。

為什麼？因為如果你不投資，你的錢就會隨著通貨膨脹而逐漸貶值，結果錢越來越薄，這就是真正的損失。

不想動腦型窮鬼：第二種窮鬼就是，不想努力、只想快速賺錢而胡亂投資。

這類型的窮鬼也不少，這些人最大的特徵就是：「喜歡跟」。他們喜歡跟大師、喜歡跟專家、喜歡跟身邊的人。二十年前的我也是這種鬼。當初我曾經委託會計朋友幫我投資，過了一年之後，原本投入的

300 萬賠得慘兮兮；我也曾經跟別人買了某個建設公司，最後那些股票下市。

所以，當你不想努力，只想搭別人的便車輕鬆投資賺錢，最後的結果通常是血本無歸。

莫名花錢型窮鬼：第三種窮鬼會把辛苦賺來的錢，如流水般的花出去，也就是月光族，這類型的窮鬼消費慾望太大，所以無法守住錢財。

如果你是這類型的窮鬼該怎麼辦呢？其實消滅這類型的窮鬼很簡單，只要改變你的存錢順序就好。

大部分的人都是先消費薪資，剩下來的錢才用來儲蓄。但有錢人的存錢法則相反，他們會先把錢存起來，剩下的錢才進行消費。舉例來說，如果今天你賺了 10 萬元，那就要幫自己先存 2 萬元，剩下的才進行消費；如此一來，你就不會把所有的錢都花光，然後一直當月光族。

為人做嫁型窮鬼：最後一種窮鬼也很常見，這些

人通常會把畢生努力的錢拿去投資，結果最後賠錢；或者是把錢借給別人，最後要不回來不打緊，還把關係弄得很糟。

30歲以前的我超善良、單純又天真，我會借錢給並非真的很熟的人、同事、老同學，認為這是一種幫助他人的方式，但最後我發現，這些錢沒有一筆回來過，甚至跟我借錢的朋友到最後就消失了，於是我決定不借朋友錢（其實我還蠻感激這些人從沒還過錢，使我及早覺悟）。如果朋友有需求，我會跟他說：為了我們的友誼，我可以跟你介紹利息較低的銀行房貸或小額貸款，我為了友誼長存，不會借你錢。

如果你心中住著這樣的窮鬼，請一定要堅定自己的想法，不要亂借錢或胡亂消費，這樣才能把辛苦賺來的錢留住。

理財的基本課：別歧視錢

除了心裡住著窮鬼外，另外一個關於金錢的問題

是：為什麼一般人很想理財，卻總是往一無所有的方向走？

其實，這是因為你對待金錢的想法有問題！

有幾個有關金錢心理學的測驗，可以來測試一下，來看你是不是一個懂投資、理性對待金錢的人？*

【問題一】

今天有兩筆錢出現在你面前，一筆是你辛辛苦苦工作所賺的 5 萬元，另外一筆是去賭場不小心贏得的 5 萬元，請問花哪一筆錢時，你會花得比較痛快、花得比較不心疼？

【問題二】

今天又有兩筆錢出現了，一筆是你辛苦打工賺的 1 萬元，另外一筆是在舊衣服當中意外找到的 1 萬元，這時候請問花哪一筆錢時，你會花得比較痛快、

---

* 取自芝加哥大學經濟系教授奚愷元《別當正常的傻瓜：避免正常人的錯誤，成為超凡的決策者》一書。

花得比較不心疼？

【答案】

如果你是選擇賭場贏得的 5 萬元、舊衣服裡面的 1 萬元，那麼你就是正常的傻瓜。如果你認為不管哪一種錢都一樣，那麼你的理財態度是對的。

正常的傻瓜就是：「正常」的決策者，常常做著「傻瓜」的決策，但他們自己毫無自覺。就像是問題中的兩筆錢一樣，其實不管怎麼來的錢，都是錢，定義是你自己下的，實質上並沒有什麼不同，但是在人的心中，這兩筆錢是不一樣的，這就是一種心理帳戶；就是這樣的心理帳戶，造成我們對辛苦來的錢視如珍寶，卻對「容易得到的錢」輕鬆花掉，這也是為什麼很多繼承遺產的二代，會輕易將上一代積累迅速敗掉的原因。

所以，為了避免這樣的情況發生，請一定要公平地對待每一分錢！

▶ 「什麼都不做」的行為，才有可能讓你遭受到真正的損失。

▶ 當你不想努力，只想搭別人的便車輕鬆投資賺錢，最後的結果通常是血本無歸。

▶ 先把錢存起來，剩下的錢才進行消費。

▶ 不要亂借錢或胡亂消費，這樣才能把辛苦賺來的錢留住。

▶ 公平地對待每一分錢！

02. 讓財富一定增加的存錢法

> 萬事起頭難。除非你投胎運氣好，否則第一桶金一定是存來的。
>
> 你不一定要錙銖必較的記帳，但是一定要強迫儲蓄。
>
> 先儲蓄再消費！才是正確的理財方式。

我一直認為在開源、節流兩件事情中，最重要的是開源，而不是節流。

尤其，如果你真的想要長治久安、想要有資本、想要真的成為富人，那麼最重要的事情是開源而不是

節流。

偏偏不是每一個人都有開源的能力，也不是每個人都有富爸爸、富媽媽。

如果你只是一般人，那麼就只能很紮實地存錢，並學習讓錢的「未來購買力」不下降，也就是「理財」。

到底該如何做，才能真正存到錢呢？

首先要能夠讓自己無痛存錢，然後避免無痛消費。

無痛存錢 in，無痛消費 out ！

如果你很年輕就已經懂得理財，這是一件好事。

巴菲特說過：「人生就像滾雪球，你只要找到濕的雪，和很長的坡道，雪球就會越滾越大。」

透過這句話，我們可以知道，想要做好投資，有幾件事情很重要。

「濕的雪」代表著投資標的，你要選定優質的投

資標的物，可以提高你的投資報酬率。

「很長的坡道」代表投資時間，也就是投資的時間要夠長，除了要活得長外，還要提早投資。

再來就是：剛開始要有「厚一點」的雪球。也就是說，當你的第一桶金越多，那麼之後的雪球就有機會滾來越大。

如果你沒有富爸爸、富媽媽的話，一定要記得存好你的第一桶金。

很多人聽到存錢，馬上就聯想到縮衣節食，或者是辛苦地記帳，我認為並不一定要將花出去的每一塊錢都記帳，但是至少要量入為出。

同時掌握兩個存錢重點：

第❶、領錢的時候，就先存錢。

每個月領錢的時候，先把儲蓄與投資的錢分配出來，然後是學習與娛樂的費用，剩下的錢才是你的生活費用。

我的建議是，每個月定期定額購買基金或 ETF。

如果你購買的是基金，請記得一個原則：如果你不想忽然聽到晴天霹靂，不要買單一國家的基金，或者過度成熟的市場。最好是選擇一個有機會大幅成長的年輕國家進行投資。

從我女兒一出生開始，我就幫她買大中華區基金，每個月定期定額 1 萬元，到她 8 歲的時候，投入 120 萬元左右，實質累積卻是 310 萬元。

當時，上證指數像一枝沖天炮漲高了，我想買上海的房子，剛好缺一些現金，於是把這筆錢領出來，一方面讓女兒當上海房的股東，同時我並未停扣，後來，上海房也漲了。

所以，千萬不要小看每個月定期定額的投資。

第❷、還沒有存到錢時，盡量不要使用信用卡。

如果你沒有足夠的存款時，千萬不要當月光族；要是你開始欠卡債，那表示你的理財觀念有問題，因為你根本沒有資格欠卡債！

根據美國的統計，一個人有了信用卡之後，消費

的金額會比現金多出一倍。也就是說，如果你一直使用信用卡或其他無痛消費的方式，會讓你的消費金額不斷攀升。

所以，如果你現在沒有足夠的存款，請不要選擇無痛消費的方式。但由於現今行動支付的方式頗多，網路購物興盛，要你不使用信用卡或非貨幣支付太難，請自己斟酌。

日本人的招財行為學

除了存錢之外，還有哪些方法可以幫助我們招財呢？

我們來講一些通俗而科學有趣味的招財方式！

首先，讓我來介紹一位日本知名作家中谷彰宏。早稻田大學畢業的他，曾經擔任過廣告策劃，也開過私人學校。他的生活化理財演講在日本很受歡迎。

他寫過的一本書中，就有提到關於金錢心理學，書名叫做《不愛錢，你有事嗎？：48個變身有錢人

的招財行為學》，這是他歸納自己的經驗，總結出
48 個招財行為學。

48 個太多了，有的是為了出書努力湊的吧（我
心裡 OS）！

以下，我選了幾個有趣的招財行為學，簡單容易
明白而且科學！照這樣做，你就會保持富有！

招財行為學❶：對錢要有正向的感受！

想要招財，首先要對錢要有正向的感受。你可以
想想看，金錢可以為我們帶來什麼正向的結果，或者
是金錢如何充實豐盈我們的人生，然後就可以對金錢
產生正向的感受。

例如：當你有機會去飯店用餐，或者是參加派對時
候，就一定要穿對衣服去，感受「物質」的實際好處！

又或者你計畫去迪士尼樂園玩的時候，不要想到
門票很貴、一直在花錢，而是要想著：這一次我會得
到什麼樣享受？我應該要得到什麼樣的體驗？

當這樣想的時候，你的內心已經變得沒有那麼無

聊，就算還沒有去，這個當下你已經變得充實而豐盛。

此外，在開始花每一分錢的時候，一定要深呼吸、擴張你的心胸，把花去的每一分錢都當做豐富你生命的養分，這就是對金錢的正向感受。與之相反的是，很多人，尤其是東方人，會把金錢視為罪惡。

抱持錢的「罪惡感」想法，你就會變得很憤世嫉俗，這樣金錢又怎麼會受我們所吸引呢？所以中谷彰宏認為，想增加財運，就要對錢有正向的感受，這也就是吸引力法則。

招財行為學❷：隨時可以取得的東西，就不要囤。

只要你隨時都買得到的東西，就不要囤。中谷提到自己看過很多的日本人（很多台灣人也一樣），好不容易把房子翻新裝潢，還做了極簡設計，整體變得很時尚。結果卻搶了一大堆便宜的衛生紙囤積在家裡，結果，明明是很時尚的設計，也會因為這些衛生紙變得格格不入。

事實上，不管你的房子看起來是時尚、低調奢華

或極簡，一旦有了堆積如山的衛生紙或生活用品，一切都會變調。這些「現在不需要的東西」，就是把未來的垃圾堆在現在的地方。這樣一來，你會無法感受到自己的價值，將來要有錢也很困難。然而，本地只要發生任何災難，人們的第一個反應竟然是搶衛生紙。

所以，請不要因為一時的衝動購物或是貪小便宜，購買一些暫時不需要的東西（雖然是你的必需品），造成家裡的混亂，這樣一來，你的房子會更加整齊乾淨，對人生的想法也會比較乾淨！

招財行為學❸：請別人吃飯的時候，要大器一點！

接下來要談到的事情蠻有趣的，而且我自己也一概如此實行。

請大家想像一個場景，如果今天換你請客，或者是你必須要花錢請家人、親戚、同學吃飯的時候，你會請他們去哪吃東西呢？是一般的百元熱炒，還是環境好一點的餐廳呢？

我的建議是：請去高級餐廳！因為用好東西，可以提升你的心理狀態。就算你後來有幾天自己必須吃得很省，你還是得要這麼做！

為什麼要這樣做呢？這樣不是打腫臉充胖子嗎？

我認同：既然都要請對方吃飯，透過吃高級餐廳，你就是在告訴對方：我重視你！

中谷彰宏在書中提到，之前他也曾為了要省錢，選擇平價的餐廳來請客，結果在吃飯的過程中，大家的言談就會時不時出現抱怨的情緒，也讓整體氣氛偏向負向。

就我的經驗來說也是。如果我選擇好的餐廳請同事時，同事都會很興奮，也沒有人想要抱怨。

有些人以為高級餐廳就是吃一頓就傾家蕩產，其實並不是。幾個原則如下：

❶ **不要路邊攤**。雖然有些路邊攤好吃，但用來請客並不適合。因為別人也會觀察你請我去那一家餐廳吃，來判斷我對你到底有多重要。所以跟別人洽商

或談可能的生意機會時，除了態度良好外，選擇的餐廳也很重要。

❷ **選擇適度服務的餐廳。**有些高級餐廳服務很棒，但是卻因為過度服務，讓人產生緊繃感，甚至有些服務生會一直打斷你們的談話，這樣的餐廳就不適合請客。

有一陣子，我們的家族聚會輪到我請吃飯，我就依循中谷彰宏的建議，尋找好一點的高級餐廳，最後選定文華東方酒店舉辦家族聚會，因為裡面裝潢超漂亮，就像是皇宮一樣，就算一些「本有齟齬」的親戚，也會因為餐廳的氣氛，避免在酒店發生爭執，同時也感受到我對大家的重視。最後賓主盡歡，家族成員完全沒有劍拔弩張的事情發生！

下次，如果輪到你要請客的時候，請選好一點的餐廳。除了讓氣氛良好，同時也可以讓你自己的心理狀態更好，體會到金錢的正向感受！

招財行為學❹：不要貪圖「免手續費」或「買多、單價低」為考量！

這個招財行為很重要！

很多人在辦理房貸、購買保險與基金或其他商品的時候，都會盡量以較少手續費的公司做為選擇的關鍵，這樣的思維並非正確。

要思考的核心點是：你到底為什麼購買這些產品，而不是去貪圖那些小利。

一個常見的例子是：今天你想強迫自己去練身體，或者是學習英文、日文，這時候你常會聽到健身房或補習班說：如果你一次付費滿多少堂課，就可以有多便宜，然後你就一口氣買了很多堂課，但卻因為某些原因沒有上完，最後再因為退費問題跟這些機構處得不愉快。

有時候，你就是貪圖一堂課可以省 100 元，卻沒有想到你是否會經常使用，結果就買了一堆課、花了更多錢，卻沒有達到你的目的。

我身旁有一個值得警惕的案例：有個女醫師朋友

在結婚的時候，爸爸給的嫁妝中有一張終身會員 VIP 卡，要價 100 萬，只要持有這張卡就可以免費去做 SPA，而且不限次數。

聽起來很棒對不對？但是朋友結婚不到三年，SPA 店就倒閉了。

雖然店家保證你可以無限次使用，但店家沒有保證自己不倒啊！

這種情形就是貪小失大！所以，我們該思考的是為什麼買，而不是「有什麼小利」而買。

吳 淡 如 煉 金 教 室

▶ 巴菲特：人生就像滾雪球，你只要找到濕的雪，和很長的坡道，雪球就會越滾越大。

▶ 領薪水的時候，先將儲蓄與投資的錢分配出來，然後是學習與娛樂的費用，剩下的錢才是你的生活費用。

▶ 還沒有存到錢時，盡量不要使用信用卡。

▶ 對錢要有正向的感受！

▶ 請別人吃飯的時候，要大器一點！

03. 保本、避險常常都是騙

> 我人生中第一個 1,000 萬的啟示是：為了要保本，錯過了最好的標的。
>
> 無論是保本或者是避險，都是利用你害怕損失的心理，把你的錢拿去玩他最好的遊戲！

如果你在沒有預期的情況下，戶頭有 1,000 萬，你會怎麼做？

對有錢人來說，1,000 萬並不多，但是對上班族而言，1,000 萬很多。

也有人幻想著，只要有 1,000 萬，就可以退休了！

我人生中的第一個 1,000 萬，發生在 30 歲那年。

在 30 歲前，我是一個每月 3 萬多元薪水的上班族，一邊上班，一邊靠寫稿賺一點零用錢。

幸運的是，我從 22 歲時，就開始出版第一本書了。（這並不容易，因為我 10 歲就開始計畫當作家，被退稿超過一百次！）

在 30 歲前，我寫的書並不暢銷，甚至在 29 歲那一年，我還可以退稅 4,000 元。

到 30 歲那一年，我的書開始受到讀者喜愛，一刷再刷，但是，我對錢並沒有概念，反正出版社會直接把錢匯進帳戶。

每天在上班、寫稿、談戀愛中度過的我，用的錢並不多，所以也很少看存摺。

就這樣到了年後要報稅的時候，赫然發現：帳戶裡有一千多萬！聽起來像灰姑娘遇到神仙教母！

現在回想起來，真的很像灰姑娘的故事，我的年薪才 60 幾萬，卻因為版稅，帳戶有了一千多萬！

這要怎麼報稅呢？

朋友幫我請了一個很厲害的會計師，會計師左算右算，最後說：「因為妳完全沒有做任何的節稅動作，沒有公司，也沒有工作室，這些錢，只能全部都算在妳個人的帳上收入！」

　　那一年，我繳了 200 多萬的稅。

　　這個數字，是當時年薪的 4 倍！

　　繳了稅之後，戶頭裡還有一千多萬！雖說沒發現這筆鉅款真是太腦殘，因為我從不相信自己會「紅」啊！

　　我到底該拿這天上突然掉下來的一千多萬怎麼辦呢？

一元不增，也算保本？

　　朋友介紹了一位在某皇家銀行上班的同學 A 先生讓我認識。

　　先說，此皇家銀行是合法的銀行，且非常巧的是，A 先生又剛好是我以前念法律系教授的小孩。

看起來，沒什麼好懷疑的吧？！

「我們皇家銀行，收的最低的錢就是 1,000 萬！」A 先生告訴我，我剛好符合該銀行的最低投資門檻。

他看了看我繼續說：「因為妳也不知道明年妳的書會不會暢銷，眼下最重要的就是買個永遠不會賠的保本避險基金！」

聽到 A 先生的介紹，我心無懷疑。

合法的皇家銀行加上昔日法律系同窗，一定既誠信又保險。

於是，我在皇家銀行簽下許多英文文件。

這些文件，大概有一本書那麼厚，我實在也沒有辦法全部看過。接下來每個月，我都拿到一張英文報表，發現：正值非常非常地少，換算成台幣，最高的正值竟不到 30 萬！

就這樣過了三年，我決定要買房子。於是，我決定贖回我的基金。

各位猜猜看，我有沒有賺錢？

先說，國際股市在那幾年有一些小漲，就算保守

估計，每年應該也有 3％～ 5％的報酬率。

但是，當我從皇家銀行辦理贖回時，赫然發現……

我拿到的是 1,000 萬，利息 0。

這根本是把我當初存入的錢，原封不動地還我。

不會吧！如果我存在定存，至少還有利息……

我驚訝且錯愕地看著 A 先生，他清了清喉嚨說：「這個就是『保本基金』，本來就不可能賺什麼錢啊！真是抱歉！不過妳看，還好，妳也沒有踩到網路泡沫，還是保住了本金。」

A 先生的說法令我覺得有些莫名其妙，心想，他的意思是，「即使都沒有賺到任何東西，我也沒損失」。

但，這個說法對嗎？

以前的我雖然不懂得金融，但也懂得利息這件事。假設有 4％利息，一年至少也有 40 萬元。三年下來，就算是不賺不賠，應該也有 1,120 萬吧？」

結果，我卻只拿到 1,000 萬。

這不是保本，而是損失了 120 萬！

更別說我存入 1,000 萬，那一年台北房地產還沒起飛，永康街房子一坪才 30 多萬元，如果，當時的我懂「經濟長期向上」原則，將 1,000 萬拿來買房子，而不是投到「保本基金」，那又是一番局面了。（相關故事請見房產篇。）

保本、避險不等於保證收益

當年的我看不懂這些商品，聽到保本、避險就覺得有保障。

在上了全球一流的商學院課程後，我在看到有「保本」或「避險」這一層糖衣的金融商品時，會知道保本和避險並不等於有「保證收益」。

所以，基金總會一再地強調，不保證收益，歷史也不能全拿來當未來的參考，請詳閱公開說明書……這些話都是有意義的！（真的有人看說明書嗎？我覺得並沒有，就算看了也沒有用。）

百歲股神安德烈‧科斯托蘭尼說得好：「如果你

希望年紀這麼大的我，能給你什麼樣的經驗？那我會跟你說，避險、保本，一聽就是騙局！」

只要告訴你「保本」或「避險」，說你可以躲避風險的這些，請都要小心！

而他也點名，所有的經紀人、理專和投資顧問，都處在跟客戶的「利益衝突」之中。因為，只有在成交的時候，才能賺錢。

所謂的成交，並不是單指獲利，而是你賺錢時，他也賺錢；你賠錢時，他也賺！

所以才會常常鼓勵投資人殺進殺出。

如果一直在存股，且只存著不賣，投資人賺了股利，證券公司是賺不到什麼手續費的！

聽到「保證收益」，立刻要想到的事

回憶起往事，我很慶幸，至少，這件事情是發生在 30 歲的時候。後來，當台灣投資界出現「保證收

益」的連動債商品時，我就有一定的警覺。

2008 年是「保本」或「避險」商品最猖狂的時候！

這一年秋天，雷曼兄弟宣布破產，整個全球金融市場被打趴在地、三年後才慢慢恢復起色。

在台灣，也曾經發生過騙了一萬六千多名投資人，金額高達 8 億美元（約當年的 260 多億台幣），甚至連 ×× 行政院院長、上市公司股王，以及六家銀行、一家投信也加入投資行列受到波及（包括香港的知名銀行），被喻為「台版馬多夫」的詐欺案。

你一定覺得很訝異，為什麼這麼多看似厲害的人物及金融機構也受騙上當？

事情始於一家打著美國保盛豐集團創辦人名號的男士，向各機構銷售所謂的連動債。

一般的連動債公司，只會給銀行 2％佣金。

保盛豐集團卻給台灣的銀行 4％的佣金，並且提出給客戶每年獲利 6％至 8％的保證。（消費者當然不知道。）

對銀行來說，銷售 A 公司連動債有 2％佣金，銷

售 B 公司連動債有 4%，又能給客戶這麼高的保證，當然推薦 B 公司是吧？！

保盛豐集團的連動債，就這樣在台灣銀行界及一些大公司開了花，收進了大筆的資金。

誰也沒想到，這家集團做的卻是買空賣空，他們根本沒有連動債，只是用「後金給前金」（收後面人的錢，用來付前面投資人的利息），取得銀行的信任。

說穿了，就是真正的老鼠會跟龐氏騙局。

至於大名鼎鼎的美國馬多夫本人，由於本身的資源夠大，與美國銀行界很有關係，不但騙了西班牙國家銀行、匯豐銀行、蘇格蘭皇家銀行、法國巴黎銀行、野村證券，連加拿大皇家銀行也全部都騙了！

不論是美版或台版，受騙的銀行雖然損失慘重，大部分都沒有倒，因為銀行銷售金融商品並不掛保證，在厚厚的公開說明書裡，一定會寫到「萬一○○××，本銀行概不負責」等字樣，只是投資者不會看到。

結果，很多人一輩子的養老金，都死在這種「保

證獲利」，或這種「保證拿回本金」上頭。

不少金融專家，包括巴菲特都說過類似如下的話：「我不相信任何的金融投資，在市場上可以不損失，可以給你『保證獲利』，或者持續讓你享有一致性的利潤。」

「但是年復一年，所有的人都相信，會有那麼一個單位存在，只要錢進去，他就會給我們被動收入，讓我們非常安穩的睡眠。如果你真的很相信這個神話，等到一生積蓄都失去時，後悔已經太遲了！」

我們要如何不被保本、避險商品迷惑？

只要聽到任何「保證」，請一定要立刻思考：為什麼可以保證？

保證付你利息，且比當時的定存還要高，更要思考清楚。是的，沒有任何控制在別人手中，不能隨時自由贖回的錢是真正安全的。

例如，我們現在定存只有 0.8％，請問，要去哪裡才能夠賺保證給 2％、4％，甚至 10％的錢給你？

就算我們去銀行借款，利息也不過 1.3％到

1.8％。而他保證給你 2％的利息，到底要從哪裡生出來？（當然是從後面老鼠們的奉獻中拿出來的。）

無論如何，我知道，我們都會有風險趨避的心理，可是不管怎樣，請你永遠不要聽到「保證獲益」、「絕對償還本金」、「保證給你一樣的利息」就跳進去。

只要能做到這樣，至少就可以持盈保泰，而不會等到有一天才愕然地發現，原來口口聲聲跟你保證的，就是最不能保證的！

就跟有人會在你年輕貌美的時候，告訴你說，「我保證一輩子愛你！」一樣。

感情，有時候也有異曲同工之妙！

你可以……先深呼吸，明白理想未必是現實嗎？

吳淡如煉金教室

▶ 不是合法銀行銷售的商品就一定很保險。

▶ 保本和避險並不等於有「保證收益」。

▶ 只要聽到任何「保證」，請一定要立刻思
考：為什麼可以保證？

▶ 保證付你利息，且比當時的銀行借款利息還
高，更要留意再留意。

04. 跑贏通膨，才叫真保本

> 如果你只知道把錢放定存，那麼你可能會發現自己相對上越來越窮，因為你沒有跑贏通膨！
>
> 守財奴，也只能越來越發現到頭是一場空！
>
> 房子漲那麼快，難道是建商的錯嗎？不！他們沒辦法真正左右市場！除了人們想要有一個溫暖的家之外，是因為大家都想跑贏通膨！
>
> 如果你在中年還沒有辦法找到方法跑贏通膨，晚年小心不保。
>
> 跑贏通膨，也不能只靠理財，還要靠你自己的本領！

大部分的人都有聽過通貨膨脹，但是卻很少人知道，應該要怎樣跑贏通貨膨脹。

通貨膨脹是一個很大的問題嗎？是的！通貨膨脹是溫水煮青蛙，剛開始你不會覺得這件事情很嚴重，可是年復一年，你會發現你的錢變薄了，這就是典型的通貨膨脹。

來看我們的上一代好了，他們都認為節儉是美德，認為人一定要吃苦，節省了大半輩子，毛巾用到破才能夠換，半輩子捨不得吃穿，把錢都存入銀行，老了卻發現自己的錢沒有成長，只有一點點的利息錢。

為什麼會這樣？

因為早期台灣的定存利息曾經高達 6％到 7％，隨著經濟成長趨緩，定存利息也慢慢地變小，現在定存的利率不到 1％。這時，定存族會這樣安慰自己：至少放在銀行不會被騙走！

真的是這樣嗎？

通貨膨脹到底有多可怕？

其實如果有通貨膨脹概念的話，你就會知道：如果你把錢放在定存，就是在賠錢！

什麼是通貨膨脹呢？經濟學上是指：在一段時間內經濟體價格水平的普遍上升。

當總體價格水平上漲時，每個貨幣單位購買的商品和服務就會減少。簡單來說，就是過去可以用某個價格買到的商品或服務，會因為通貨膨脹的關係，需

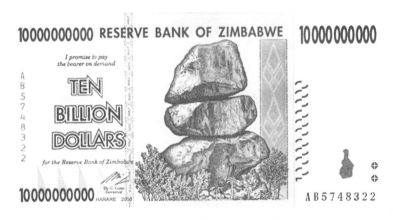

圖 1-1 辛巴威發行一百億鈔票

要更多的錢來購買。

如果以平均 3％的通貨膨脹來算的話，也就是今年 100 元可以買到的東西，明年可能就要 103 元才能買到，而去年只需要 97 元就可以買到。

一般來說，年平均通膨比率介於 2 至 3％時，通常稱為良性通膨。但如果像之前辛巴威那樣，剛開始一條吐司只要 100 元，但過了幾個月後，一條吐司要 100 萬元，鈔票面額越來越大，那就是屬於惡性通膨，這種通貨膨脹是會導致國家財務破產。

但即便是良性通膨，也不可小覷其威力。

假設你今天有 100 萬存在銀行，假設一年期的定存利率是 1％，而年平均通貨膨脹是 3％，那麼會發生什麼事情呢？

一年後，你的銀行存款增加 1 萬元，來到 101 萬元；而原本去年 100 萬可以買到的商品，會增加到 103 萬元才能購買，這時候你的購買力會微幅下降，但你可能沒有什麼感覺。

十年後，你的銀行存款增加了 10 萬元左右，來

到 110 萬元出頭；而原本十年前，100 萬可以購買商品，會增加到 130 多萬元才能購買，這時候你的購買力會下降，開始很有感覺。

三十年後，如果利率不變，你的銀行存款總共可能只有 130 萬元左右，而原本三十年前 100 萬可以購買到的商品，可能會變成 200 至 300 萬元才能購買，此時你會驚慌：我的購買力怎麼大幅下降！

可是，太遲了！

三十年前一碗乾麵才 10 到 15 元，現在一碗乾麵平均都要 35 元，翻漲了 20 到 25 元，這就是通貨膨脹的結果！而台灣平均薪水增幅極低，大家都普遍變窮了！

 ## 怎樣的投資可以跑贏通膨？

既然通膨會影響我們的經濟狀況，那我們要如何跑贏通膨呢？

答案是，你不能只是把錢放在定存，而是要進行

投資。

在此大略說明不同投資標的物跟通膨之間的關聯性。

房地產：有人可能會問：「房子是不是能夠打敗通膨？」我必須說：「未來不一定，但是過去是。」

為什麼過去是，而未來不一定呢？

以我自己的房子為例。

大約二十年前，我買了一間 60 坪 1,500 萬的房子，當時一坪大約是 25 萬上下。最近我心血來潮打開房屋網站看了一下，發現這間房子一坪已經超過 50 萬，現值大概是 3,000 萬元。

雖然我已經住了二十年，房子也老了 20 歲，但房價竟然還增值一倍。那我總共賺了多少錢呢？

除了增值的費用外，如果用一個月租金 4 萬元來算，一年就是 48 萬元，二十年就是 960 萬元。這是我的隱性所得。

增值的錢是 1,500 萬，房租的錢是 960 萬，也就是說我賺了將近 2,500 萬。如果用複利來看，大概是一年 5％的成長，很明顯可以跑贏通膨。所以我說，過去房地產絕對可以跑贏通膨。

但未來為什麼不一定呢？簡而言之就是：人口紅利已經消失。也就是說，人口老化的國家，比較不需要房子；另外，出生率比較低的國家也不需要太多房子。

以日本的例子來看，日本在邁入高齡化社會後，房地產的漲幅幾乎是停滯，更多的偏僻地方，像是北海道偏遠的房子，甚至賤價賣出，都還找不到買家。（我看過北海道有一棟 100 萬日幣不到的別墅，還賣不出去。）

為什麼？雖然空氣很好，但卻沒有就業的機會，而年輕人需要謀生，當然就要到大都市去。

所以我的經驗是：經濟發展時期，房子是一定賺錢的。

如果你想要投資房地產，千萬不要選擇人口紅利

已經消失的國家進行投資。

黃金：黃金是一個無法對抗通膨的投資工具，所以我非常不鼓勵大家買黃金。如果你真的很喜歡黃金，請不要超過你總資產的5％。至於原因，會在後面的章節詳述。

股票與ETF：如果你想要跑贏通膨，一定要選擇人用得到的東西，因為人可以用得到的東西，就會有市場需求，自然就能夠跟隨經濟成長一起成長。例如：房地產就是人會用到的東西，而股票或ETF背後代表著公司，公司也會生產人們所需要的商品或服務。因此，股票或ETF也有機會跑贏通膨。關於如何選股、如何進行股票投資，會在後面的章節進行更詳盡的描述。

保險：有些朋友認為可以靠保險跑贏通膨，「贏得以後不能動的保障」。我只能說：如果你也這樣

想，就代表你低估了通膨的威力！而且也把自己看待比精算師聰明！

假設今天一位 22 歲的大學畢業生，在親友的推薦之下，每個月存 2 萬元、繳滿三十年，等到 60 歲時，保險公司會給他 1,000 萬。

聽起來是不是好棒，有 1,000 萬！

如果你仔細算一下，一個月存 2 萬元，一年就是24 萬，三十年就是 720 萬，可知這樣的報酬率是多少？只有 1.1％！

也就是說，你存的錢根本無法跑贏通膨！而現在聽來一千萬好像很多，三十多年後，一千萬搞不好活不了幾年！

很多人聽到我這樣說，以為我反對保險，但並非如此。保險的意義在於人身風險的控管，也就是說，如果你是家庭支柱的話，應該要保一些意外險、健康險等保障型的保險，而不是儲蓄險或者是投資型保險。保險和投資搞在一起，肯定不會有勝算。

所以，在做任何長期的金錢投入時，只要是把錢放在別人的口袋、叫別人幫你理財時，千萬一定要想清楚、算清楚，不要把錢傻傻地投入到你所不清楚的領域，這樣才是投資應該有的態度。

想跑贏通膨？第一絕招還是投資自己！

　　除了投資在投資工具上可以跑贏通膨外，另外一種投資就是：投資你自己！

　　投資自己的腦袋：為什麼要投資自己？因為自己就是賺錢的根本！如果你讓自己不斷學習，不斷認識新領域的人，那麼你得到的機會，就會比別人還要多；不管將來是要創業，或者是公司升遷，都會比別人快，這樣一來，你可以投資的金額也就比別人多。

　　以我自己為例，2000 年之前，我的收入比較大

的一部分還是在寫書，但是 2000 年時，我進入新行業，開始當起主持人，讓我有了更多的經驗，也接觸到更多不同的人，看到現實世界的多重面向。

我不是故意轉換跑道，是真的喜歡新鮮事。當然，主持工作也同時帶來不錯的報酬。

因緣際會下，我去讀了商學院，讓我對商業上的投資，還有對金融知識大幅增加，漸漸的養成自己在投資上獨立思考的習慣，然後我也做了小小的電商，有了很多不同的嘗試。當然也創造了很多不同的收入來源。

所以，想要跑贏通膨，一定要先投資自己的腦袋，並且勇於抓住可以鍛鍊自己的新機會。

投資自己的人生：你的人生，絕對不是只有工作跟賺錢，更多的時候，你必須要活得有意義。所以，我會建議你要投資在旅行上。

很多人會認為，旅行就只是純粹花錢而已，但我

不認為是這樣。透過旅行，你可以拓展自己的視野，看到不同的人、不同的國家、不同的文化，我認為花在旅行的錢，一定會在哪個時間點讓你重新賺回來！

而你的旅行經驗，是你人生中最珍貴的回憶。等到哪一天老了，你可以告訴你的子孫、你的朋友，你在年輕的時候去了哪些地方，這些都是老後的本錢。所以，一定要把錢投資在值得的記憶上，人生才會更加精采。

投資自己的身體：最後，也是最重要一項投資，就是投資在你自己的身體上。

就如同巴菲特的雪球理論所說的，你要滾雪球，就要找一個長一點的坡道；也就是說，你要活得夠久，坡道才能更長一點。想要活得更久，你就要投資自己的身體，讓身體更健康。

老了以後，最容易花費的錢就是醫藥費。我爸媽省吃儉用了一輩子，加上房子的資產，也不過就是

1,000 萬。她後來不幸罹癌，自費的標靶藥物一年費用差不多剛好是 1,000 萬，也就是說，她辛苦一輩子的錢，只夠她買一年的標靶藥物（這筆費用當然不能讓媽媽自己出）。

請記住，健康的身體就是長長的坡道！

因此，想要能夠順利退休、有錢花，你必須要鍛鍊自己的身體，要懂得怎樣吃才能讓自己更健康，這樣才能有機會跑贏通膨、享受精采的人生。

吳淡如煉金教室

▶ 如果你把錢放在定存，就是在賠錢！

▶ 如果想要投資房地產，不要選擇人口紅利已經消失的國家。

▶ 想要跑贏通膨，一定要選擇人用得到的東西。

▶ 想要跑贏通膨，一定要先投資自己的腦袋。

▶ 最重要一項投資，就是投資在你自己的身體上。

第 2 篇

成本

不管投不投資，一定要懂成本

05. 命只有一條，你想怎麼活——時間成本的重要

> 忙了一天，但是做了什麼？怎麼都不知道！如果是這樣最後會導入：辛苦一輩子，怎麼會什麼都沒有？成為一個自己不想變成的那種人！
>
> 時間是你最寶貴的資本，理時間比理財更重要，不會管理時間的人也絕對理不了財！

40 歲以前，我是一個搞不定自己的人。不只在投資理財上，感性和理性上都是（看完本書，你會了解，搞不定理財的人，基本上也搞不定人生許多關

係）。我有各式各樣的內心糾纏，時時演奏著雜音，讓我無法用理性法則來判斷事情，讓情緒浪費了許多的時間。在上了商學院後，當我把各種成本當人生成本來算，了解到各式各樣的成本後，竟然漸漸地就能用比較理性的眼光來看事情。

慢慢地我發現，如果我一直攪和在那些無法改變的事情，一點用也沒有，於是我開始會回過頭去檢視自己的性格，找到優點與缺點；同時也會理性地看待事情，而且認定後就開始執行，不拖泥帶水。

畢竟，人生只有一次，命也只有一條，時間是你人生最大的資本。所以在做任何事情之前，一定要考慮到你最重要的資本：時間成本！

 管理時間成本祕訣❶：
設定目標，然後一步步完成

關於設定目標這件事情，我在求學時代就跟別人想的不一樣。設定目標是否合理，是否適切很重要。

很多人設定的目標是要打敗其他人，但這種目標設定稱為：排他性目標。當你設定這類型的目標之後，你的專注點就會在其他人身上，看見別人的樹，忘了自己的森林。

設定目標時，最好只看到你自己要去的方向，其他不關你事的，就別太花時間管。我會冷靜的設定我的時間管理節奏跟順序，然後慢慢逐步地完成。舉例來說，我最近在讀一本很專業的博士論文，大概有八百頁之多，相對艱澀難讀，我剛開始時看不太懂，我就用這個方法，雖然資質或程度開始不如人，但是我會強迫自己每天讀三十頁，這樣大概一個月的時間就可以看完。（事實上我二十天就看完了，因為就算它不好讀，當我熟悉它的行文脈絡，我會越讀越快。每天多「偷」讀幾頁，也會有成就感。）求學時候，我的成績會越來越好也是這個道理。因為我會自己設定要達成的目標，然後一步步完成。

當你設定了一個目標後，你不需要管其他人怎麼想，因為只要逐步往目標前進，而前進的過程，你所

做的成果會一直累積。反之，如果我擔心別人怎麼想，就會因為負面心態影響，最後放棄、無法完成目標。所以，當真的要做一件事情時，我不會理會別人怎麼批評、酸民怎麼說，還會把這些話當激勵。

就像我在做《人生實用商學院》時，有酸民來譏笑，什麼「過氣藝人別來蹭新媒體」之類，但我不管其他人怎麼想，我是想著該如何優化，怎麼做可以讓下一集比上一集更好；錄音品質也從剛開始的不專業，到現在找專業錄音室錄音。

別花時間讓自己往後退，要就花在往前走。

所有的目標，都是透過每天完成一小點、一小點而逐步完成，所以你的焦點要放在你的目標上，而不要放在別人的嘴巴上，唯有這樣，才能心無旁鶩地完成你的目標。

我有句座右銘是：「別跟我比毅力」，因為我通常會贏。之所以會贏，並不需要多大 POWER，每天持續一點就行。

管理時間成本祕訣 **②**：
集中火力，對準最佳利益！

第二個很重要管理時間成本的方法，叫做 80/20 法則（它有另一個名稱，叫做找到你「最省力的法則」）。

80/20 法則，是一個最好懂的法則，也是一個最有用的法則，可以用來檢視你的投資以及你的人生！

這個法則是由義大利的經濟學者帕累托（Vilfredo Pareto）在 1897 年提出的研究，他發現當時，義大利 80％的土地掌握在 20％的人手裡。之後他研究其他國家的財富狀況，也發現大部分的財富流向少數人的手裡，也就是 20％的人擁有 80％的財富。

後來，有越來越多人引申 80/20 法則。而不只在財富分配上，專家們發現很多領域都出現這樣的現象，包括自然界、企業管理、資訊科學等，都有 80/20 法則的命題。也就是：在任何特定族群中，重要的因子只占少數，不重要的因子總是占大多數。

這個法則也適用在管理時間上。也就是：你不應該浪費你的時間或者是其他的資源，在那些多數不重要的事情上；但如果有些東西卡住了你的資源或時間，仔細檢視後，你會發現這些浪費很多資源的事物，只有20％的效益時，你就要去好好地檢討「對不對」的問題。

以下舉兩個例子來說明。

第一個例子是發生在我公司的事情。

不久前，我自己的電商同時間推出一位牛津大學博士的兩個產品，一個是能夠促進髮量茂盛的洗髮精，一個是另一位專家的日常保養品，同時上架販售。我公司的行銷總監在設計產品DM的時候，把兩個產品都放上去了，然後觀察兩個產品的銷量。

沒多久，他發現了「茂盛」洗髮精的銷量很不錯。假設營業額10萬元的情況下，洗髮精就占了8萬元，而防皺保養品卻只有2萬元。這時候，如果你是這個行銷總監，你會怎麼做？（備注，商家存貨與電商無關。）

行銷總監著急地跟我說：「洗髮精的銷售量比保養品還要多，代表這個保養品我沒有賣好，現在是不是要把比較多的廣告或是宣傳放在保養品上？大力促銷看有沒有起色？」

聽完他的話，我問：「你有讀過 80/20 法則嗎？」

「沒有。」他搖搖頭。

「好！那我跟你說，如果現在我們還有宣傳或行銷資源的話，應該要把剩下的資源都投在占營業額 80％的洗髮精上，而不是保養品上。」

「為什麼？」行銷總監問。

「因為你是在做生意，做生意不是在濟弱扶傾，讓兩者賣得平分秋色。賣得不好的產品，如果還要拚命去行銷，最後就是把資源拿去打水漂。」

這種資源投放謬誤常在我們生命中出現。

再假設一個家庭中有兩個小孩，一個很會讀書，一個不愛讀書，但是體育或美術很棒。這時候你會怎麼做？

最常見的做法是：很會讀書的那個小孩，不用管

他，只把 20％的教育資源或經費投資在很會讀書的孩子上；而那個不會讀書的小孩，則是開始要他去補習、上課、找家教等，把家裡 80％的教育經費放在不愛讀書的小孩身上！補了一大堆，成績卻沒有起色。

產生的結果可以類比為：你很努力教豬唱歌，豬很痛苦，你也不高興。

那麼，正確的做法是什麼？你應該把 80％的教育資源灌注在會讀書的小孩，讓他往大學、碩士、一路念，哈佛學費再貴，也值得投資；另外一個不愛讀書的小孩，應該要讓他花 20％的力氣在讀書上就好，然後引導他發展別的領域，說不定他將來會是不同領域的天才。

還有，每個人會的科目可能不同，讀書讀得最挫敗的小孩，往往是「因為數學不及格，所以花了80％來加強數學」。你的馬廄中有下馬、中馬、上馬，拚了命餵下馬吃草，他也不會變千里馬。偏偏給上馬餓著了，有意思嗎？

商業上也是如此，很多公司花80％的資源和時間

在處理 20％的事情，像是開會、製作會議簡報等，卻沒有把時間跟資源投入在高產值的 80％事情上，像是開發客戶、執行行銷計畫、執行專案進度上，讓公司看起來很沒有效益。

台大商學研究所所長陳文華教授，是我的老師，他說 80/20 法則也很適合用在企業上。以蘋果電腦為例，大部分 80％的品質問題，都集中在 20％的瑕疵上，只要解決這些瑕疵，就可以解決品質問題。

另外，富邦金控也曾經運用這個法則進行行銷，他們在發行白金卡的時候，原本的模式都是要客戶申請後，進行層層審核才會發行白金卡。後來改變模式，運用他們自有的顧客資料庫，找出其中高收入且信用良好的客戶，主動寄發白金卡的核准函，這些客戶不需要資格審查等繁複的程序，只要簽名寄回，就可以成為白金卡會員，這樣的思維一改，馬上創造了高達五成的回覆率，也產生驚人的效益。

透過這些例子可以發現，80/20 法則對我們生活來說很重要。

即便如此，還是很多人把 80％的時間和資金，花在最不該花的地方！

因此，當你明白 80/20 法則之後，請懂得把最寶貴的時間，用在最值得的事情上。

請謹記，80/20 法則就是：集中火力，對準最佳利益，創造最好效益！

吳淡如煉金教室

▶ 人生只有一次，命也只有一條，時間是你人生最大的資本。

▶ 設定要達成的目標，然後一步步完成。

▶ 焦點要放在你的目標上，而不要放在別人的嘴巴上。

▶ 不應該浪費你的時間或者是其他的資源，在那些其實不重要的事情上。

▶ 集中火力，對準最佳利益，創造最好效益！

06. 做半死為什麼不賺？因為你沒看到「真正的成本」

> 我曾經在自己的臉書看過一句評語：吳淡如，妳除了喜歡賺錢，其實是個好人！
>
> 嗯……呵呵，無疑的，這個社會的排富思想寄生在骨頭深處。不過在我看來，連看人家吃一頓日本料理就只會酸「有錢真好」的人，才是啥都只會想到錢的品味狹窄的人。
>
> 現代社會，如果你拿勞力或腦力換報酬，或者做生意，那麼要投報是一定要的，別講什麼不賺錢沒關係，那你為什麼不去堂堂正正做義工貢獻社會？

> 　　很多人都是因為對於基本會計的理念什麼都沒有，做了很久才發現，奇怪我怎麼沒賺錢？真正的原因是你根本只會記帳，連真正的成本都算不清，做個半死，其實是賣一個賠一個，連基本會計原則都沒有。
>
> 　　覺得自己快累斃了卻沒賺到錢的人，請一定要看！

　　當我提到成本概念的時候，很多人都會說：我又沒有要創業，為什麼要知道成本的概念？我的答案是：如果你沒有成本概念的話，你真的只能活在穴居的時代，當山頂洞人！

　　你知道山頂洞人怎麼滅亡的？

⋮

答案是：待在山洞裡被滅亡的。（考古學家也不能說這個答案錯。）

不管你有沒有要創業、做生意，你一定要對成本有觀念，因為這不但關係到你怎麼管理你的人生，也關係到你看事情的角度。

一盤 200 元空心菜隱藏的成本

舉個例吧！有次媽媽生日，家族聚餐，媽媽看了菜單後說：「這空心菜一盤要 200 元也太貴了！我早上去菜市場，一把根本不到 20 元，這餐廳真的很沒天良，敢開這個價格。」、「還有那罐可樂，我去量販店買還不到 20 元，結果這餐廳一瓶要 60 元，開什麼玩笑！」

沒錯，自己 DIY 便宜，所以她並不需要了解東西的交換價值，不需要有成本概念，也不了解空心菜從產地到餐桌上，有多少附加成本？

但是，現在是服務業高度發展的社會，已經不是什麼都自己來的時代，所以考量的成本也會不一樣。

那麼，一盤 200 元的空心菜到底隱藏什麼樣的成本？

今天，老闆去菜市場買一把 20 元的空心菜，這個在會計上叫做「直接成本」。

除了直接成本之外，**餐廳還有哪些成本呢？**包括店租、水電費、營業稅、員工薪資、員工勞健保，還有裝潢的折舊、鍋碗瓢盆碗筷、冷氣、抽油煙機、冰箱、調味料、清潔成本等等，都是屬於空心菜的「間接成本」，而這些間接成本可能就高達 100 至 120 元，也就是說，老闆賣你一盤 200 元中，光是直接成本加上間接成本就已經占了 60 到 70％，這些都還沒有加上行銷費用、客戶服務費用等。

再拿可樂來說，到量販店買可樂後，你是拿回自己的地方喝；但是去餐廳喝可樂，餐廳就要考慮到租金、員工薪資、清潔、後續處理等成本費用，當然就會比你去量販店買還要貴。

再舉一個例子，跟朋友聚餐時，如果自行帶酒，店家就要收你開瓶費或清潔費。如果你懂成本概念，就會知道收個開瓶費蠻合理的；如果你不懂成本，就會跟店家理論，不願意支付那個看不見的開瓶費。

想想，為什麼店家需要跟你收開瓶費？

第一、如果你都自己帶酒，請問店家賺什麼？

第二、如果有人喝醉酒嘔吐需要清潔，或者是你使用了店家的器材，這些都是看不見的成本，但最終需要付出成本的是店家，所以店家當然會跟你收錢！

所以，餐廳裡一盤 200 元的空心菜，背後不只是那一把空心菜，它代表著後面有許多的間接成本。

做生意老賠錢？因為你算錯成本！

有些人看到外面一盤 200 元的空心菜，就會想：以後我絕對不要這麼勢利，我要薄利多銷！

我只能說：先不要！先聽我說一個例子。

我有一個朋友，他原本是做石化塑膠業，同時也是一位很好的吧台咖啡師，會調各式各樣的奶茶及各種飲料。當他退休之後，他想要試試別的行業，於是頂了一間大學裡面的飲料攤開始營業，而且為了回饋學生，一杯珍珠奶茶只賣 15 元，做了半年後，雖然生意還行，但卻把身體搞壞了，而且還虧掉一大筆錢。

一杯珍珠奶茶賣 15 元，為什麼會定出這個價格？因為珍珠奶茶的原料只有 8 元，朋友覺得賣 15 元就已經賺了一倍，所以覺得這樣夠了。聽到他的狀況後，我只能苦笑說：「這注定要虧錢的！」

為什麼呢？讓我細細算給你聽。

一杯珍珠奶茶 15 元，成本 8 元，也就是說扣掉直接成本後，他的毛利是 7 元。先算租金：攤位的租金是一個月 3 萬元，攤到每一天就是一天 1,000 元，假設每天平均賣一百多杯給學生，也就是說，一杯的租金成本是 10 元。

原本的 7 元毛利扣掉 10 元的租金成本，這時候已經虧掉 3 元。如果我們再把他的薪資算進去，假設他一個月薪水 3.6 萬，就算天天做，平均一天要 1,200 元，攤提到每一杯珍珠奶茶上，這時候一杯奶茶的總成本已經是 30 元，但他卻只有賣 15 元，怎麼不虧本？

千萬別跟我說，店是自己開的，老闆不領薪水沒關係。那麼，我勸你關店當義工或捐錢給慈善團體，最能貢獻社會。做生意的時候，通常最貴的成本不一定是直接成本，而是後面看不到的間接成本，這些才是最驚人的部分。

我還遇過一個燒烤店的朋友，燒烤店生意不錯，年輕人也很肯努力，所以我偶爾也會去關照一下。有一天我在店裡吃串燒的時候，他跑來跟我聊天，然後無奈的說：「明明我的生意很好，可是為什麼一直在賠錢？」

跟他聊天後，發現他自己完全不知道收入多少、支出多少。

原因在於燒烤店是現金收入，所以當他收了客人的錢後，就放入抽屜當中；等到廠商要付款的時候，就從抽屜裡面拿出來給廠商。這個方式完全是傳統的雜貨店經營方式，難怪連賺賠都不知道！

　　奉勸每一位要做生意的人，不管你有沒有財力請會計，請一定要把收入跟支出的帳算清楚，你必須把每一樣的攤提、每一樣的成本都算清楚，除了直接成本外，還有租金成本、裝潢的攤提、人力成本、行銷費用等成本，全部都要算進去，這樣才能清楚知道你到底哪裡賺、哪裡賠。

　　講到這裡，我想你已經有了間接成本跟直接成本的概念。做任何東西不要只算直接成本。同樣地，人生也是如此，不要只看到做某些事情的直接成本，還要看到後面的間接成本，這樣才能知道自己做的選擇到底對不對。無論是誰，都要懂得成本的概念，你不一定會成為一個精明的生意人，但是你至少不會成為做得半死還不賺錢的人！

▶ 一盤 200 元的空心菜，背後不只是那一把空心菜，它代表著後面有許多的間接成本。

▶ 看不到的間接成本，才是最驚人的部分。

▶ 如果你不把自己薪水算進去，那麼我勸你直接去當義工或捐錢給慈善團體，比開店更能貢獻社會。

▶ 不要只看到做某些事情的直接成本，還要看到後面的間接成本，這樣才能知道自己做的選擇到底對不對。

07. 不想越節儉越窮？請搞懂固定成本跟變動成本

> 你知道什麼叫做固定成本和變動成本嗎？這是經濟學最重要的概念，人生中做任何決策都用得到！
>
> 有些人省了老半天，冰箱過舊不肯換新，還一直在用！兩年多的電費，足足可以買一個全新的冰箱！冷氣更是可怕。
>
> 我曾經因為貪圖一個廠商送的免費冷氣，一年多花了 6 萬元的電費：五年就是 30 萬！如果你會算固定成本跟變動成本，就不會貪小失大，越節儉越窮！

最近朋友碰到了一個難題，朋友家裡的冰箱有點故障，但還沒有到完全壞。只是不斷出水，門也關不緊。家裡的長輩認為，電冰箱還沒有完全壞，不需要換。這時候到底該如何判斷呢？到底該換、還是不該換？

從冰箱看固定成本與變動成本

我相信很多讀者也是一樣，爸爸媽媽家裡的電冰箱還都是十幾年前的機種，可能功能都已經漸漸下降，也沒有那麼好用了，但是還可以用；換電冰箱又要花一筆錢，感覺很浪費。

節儉是美德，能用則用對不對？

這邊要介紹一個觀念：「固定成本」與「變動成本」。

所謂的固定成本，顧名思義就是固定不變的成本；變動成本，也就是會隨著某些變化（如增量）而產生變動的成本。

以麵包店的例子來說，麵包店製作過程中所需要的烤箱、揉麵機、模具等器材，還有房租、管理費等，這些都是屬於固定成本；而麵粉、糖、奶油等原物料，還有電費、水費等會隨著麵包製作多寡，隨著營業額改變而改變的成本，就稱為變動成本。

那麼，這兩個成本跟剛剛提到的電冰箱有什麼關係呢？

購買新的冰箱，這部分屬於固定成本；而冰箱所消耗的電費，就是變動成本。所以當你要換冰箱的時候，就可以用這兩個成本來進行思考。

假設今天冰箱價格是 3 萬元，分五年進行攤提，平均算下來，冰箱每年的固定成本就是 6000 元，每個月是 500 元。

至於冰箱耗電的部分，根據工研院的調查，每個月每戶家庭用電大約在四百度，其中有 13％的電消耗在冰箱上。也就是說，冰箱消耗的電力大約是五十度上下，如果用每度 4 元來計算，冰箱的電費大約是 200 元，這就是變動成本。

如果冰箱年分較久遠，消耗的電力就不只這些，可能會增加 1 至 2 倍以上的電費，所以如果是老舊的冰箱，一個月可以會多花將近 400 元的電費。

　　因為依照工研院的統計，冰箱使用十年後效率將衰退 20％、十五年衰退 50％、二十年衰退 100％，也就是說，冰箱使用越久，就越耗電。還有，因為科技進步，每年推出的新機種都會比前一年的省了幾成電。

　　用長遠的角度看：換一台省電的冰箱，會比耗電的冰箱，還要來得划算。不但費用更少，還有一台新的電冰箱。而且，我的假設還比較保守，有些人家裡的冰箱更老舊，可能一來一往都差了好幾萬元。

　　結果很清楚，我們自以為不換冰箱是省錢，結果你需要付出更多的電費，成為一個十足的傻瓜；你不付新冰箱錢、不讓自己享受比較能保鮮的食物，結果還花更多的錢！

　　感覺上是賠了夫人又折兵，對吧！

　　我之前就換了一次電冰箱，在換電冰箱前後，我

發現兩期電費一比較，足足少了 1 千多元，雖然我的電冰箱花了 5 萬多元，但一年省下了 6 千多元電費，省下的錢在八年後就可以再買一個全新冰箱！

不只更省，還讓我的心情和腸胃都比較好！而且沒那麼大的噪音！

省小錢，結果卻反而花更多錢！

另外一個例子，就是冷氣。

冷氣是家裡耗電量最大的電器，但很多人卻不輕易換冷氣，心想：冷氣就夏天吹幾個月而已，幹嘛要一直換！但這樣的想法對嗎？我來說一個自己的故事。

二十多年前，我曾經幫一家工業冷氣拍廣告，廠商很開心，說要送我一台售價 20 萬的工業用冷氣，我當下十分喜悅，非常感謝這個廠商，立馬把它裝進裝潢好的房子當中。

這時候，第一個問題來了，因為我的房子剛裝潢

好，而工業用冷氣需要做特殊的管道，所以我花了 6 萬元安裝費。

此時，第二個問題又來了，工業用冷氣不在乎靜不靜音，會發出巨大聲響，加上那難以控制的巨風，我又把它安裝在客廳，只要冷氣一開，全屋子轟轟轟……。

這樣的日子過了五年之後，我終於忍無可忍，決定要把這台冷氣換掉，結果夏天一期（兩個月）的電費直接少了 1 萬元。簡單的用每年電費多花 6 萬來算，後來盤點了一下，為了這台冷氣，我五年花了超過 30 萬元！

換了新的冷暖氣機之後，我才覺得人生都不一樣了，連冬天家裡都變得很舒服，而且電費還比較省。

在這裡，我要說的重點不是要不要換冷氣、換冰箱。而是：做任何事情之前，不能只考慮到固定成本（冷氣），而是要思考固定成本與變動成本（電費）間的關係。

如果你的變動成本花得比固定的成本多，而且變

動成本還會與日俱增時，就要評估節省的變動成本跟固定成本間的差異；如果評估之後，該花的錢還是要花，不要傻傻地讓錢流走而不自知。同樣地，你的人生也是如此。千萬不要為了省小錢，最後反而花了更多的錢！

吳 淡 如 煉 金 教 室

▶ 固定成本，顧名思義就是固定不變的成本；
  變動成本，也就是會隨著某些變化而產生變
  動的成本。

▶ 很多「不想浪費」的人，反而浪費的錢更
  多，就是因為他們不明白固定成本已經變沉
  沒成本，而變動成本像老鼠在咬布袋。

▶ 做任何事情之前，不能只考慮到固定成本，
  而是要思考固定成本與變動成本間的關係

▶ 不要為了省小錢，最後反而花了更多的錢！

08. 敢嘗試，也敢半途而廢——沉沒成本教你理性選擇！

> 「沉沒成本」是商學院最重要的評估概念。
>
> 但，千萬別以為「沉沒成本」只有做生意的人才需要懂，它也是人生取捨衡量輕重的原則。
>
> 找不回的人生、再怎麼哭也回不來的錢都叫做「沉沒成本」！
>
> 已經放下心力做的事，必要的時候也要勇敢的半途而廢，這就是沉沒成本概念！
>
> 從來沒有任何聰明人，是不懂得沉沒成本的！
>
> 不懂，就會判斷錯誤！

選擇比努力重要，因為：如果選擇錯誤，一切都會變沉沒成本。

鐵達尼號沉都沉了，不管你花多少力氣惋惜它，它都不會浮起來。

說真的，如果這些年來我有變得比較聰明一點、果斷一點，比較會做理性選擇，那麼一定是因為四個字：沉沒成本。

它雖然是商學院最重要的評估概念，在協助人生做選擇時，也非常有幫助。

如果，你覺得自己是個猶豫不決的人，或者經常都陷在做錯決定的流沙坑中出不來，那麼，更要了解「沉沒成本」這四個字。

捨不得、離不開與沉沒成本的關係

什麼是沉沒成本呢？

假設有一天，你失心瘋買了一件非常貴的衣服，回到家後發現穿起來並不好看，又無法退還給商家，

你會因為捨不得花這麼多錢而多穿幾次,還是送給其他有緣人?

因為捨不得而穿時,每次穿它,心情都要經過一陣拉扯,實在沒自信,連拍照都要避免。那麼,這件衣服的存在,並沒有幫你,而是在害你,不但讓你顯得更胖,穿起來不舒服,還加上心理的自我摧殘。當我問女生這個問題時,有一半的人還是會猶豫的回答:「那麼貴,能穿幾次就多穿幾次吧!」

看看你的衣櫃,是否有一堆沒穿又捨不得丟的衣服?那麼,你就是沉沒成本謬誤的最佳代言人。

一位著名的學者說,人們常在進行消費,或做某件事情時,因為已經投資了時間和金錢,明明不開心,卻捨不得離開。持續做不快樂、不值得的事,但又捨不得、走不開,這就是捨不得沉沒成本。

再舉一個例子:妳是否正在談一場「食之無味、棄之可惜」的戀愛,只因為愛情長跑已久,對方不久後可能會向妳求婚,如果此時喊卡,不就浪費了之前好幾年的愛情長跑?

結果婚後才清醒，真的很不合要離婚，又要花很多時間精神處理。

別怨對方誤了自己的青春，是妳把自己的花樣年華變為沉沒成本。

別被沉沒成本左右了你的決定

提到「沉沒成本」，大家最常想到的是錢。

圖 2-1 明明目標是 A，卻因為花了時間，捨不得而往 C 走，永遠到不了目標。

其實，對於一件事所投資的時間、精力、痛苦也是沉沒成本。

很多時候，沉沒成本的謬誤也出現在商業上。

最常見的就是開店。

明明生意不好，甚至虧損累累，卻因為捨不得已經花出去的裝潢、精神和錢，或者放不下開店的夢想，再借錢繼續熬，遲遲不肯關店，這些花出去的，都是沉沒成本。

比起個人，大企業或政府就不會落入沉沒成本的謬思中嗎？還是會的。

在航空史上，最有名的例子就是法、英兩國聯合研製的協和號飛機。在研製過程就投入大量的時間、人力和金錢，1969 年首飛後七年，終於開始進行商業飛行，卻於 2000 年發生空難，乘客信心動搖，加上 911 等事件影響，在 2003 年，協和號進行最後一次商業飛行後，結束了為期二十多年的空中舞台。

據資料顯示，在首次商業飛行前，英法兩國已投資超過 8 億英鎊，比當初的預算僅 1.5 億要多出數

倍，最後無從回收，當初的投資，都成了沉沒成本。

這是商業史上著名的「承諾升高」的慘痛案例。

為什麼從個人到政府，各種事情都可能會陷入沉沒成本的謬思中呢？

我想，很可能是因為我們天生都不喜歡後悔，也想說服別人或自己：我並沒有要浪費什麼。更想證明過去的種種是有價值的。

如果要讓過去有價值，不如告訴自己「人生，不是得到，就是學到」。學到也是一種成本，沒必要為了持續想得到讓沉沒成本累積更多。

不要被沉沒成本左右你的決定，這才是理性的決定。

害怕損失、浪費，就落入沉沒成本的謬誤

人們通常有著不想損失的心態。以事前規劃來看，不損失可說是某一種的風險預算控管，一旦事情

開始進行，又抱著不想損失的心態時，很容易就踩進沉沒成本的誤區。

有位對沉沒成本研究透徹的教授做了一個實驗：

他將已經吃飽的人和饑腸轆轆的人分成兩組，請大家吃各式各樣的蛋糕，並且一一介紹蛋糕的價格，其中，有一個蛋糕最貴「價值 500 元」。

結果發現，無論是哪一組，大家都會把最貴的蛋糕吃完，即使已經吃得很飽，身體說再也吃不下了，還是會想辦法說服自己吃，「如果不吃就等於浪費了500 元」。

夾娃娃機也是，投了錢沒夾到；再投錢，差一點；繼續投錢，到最後或許夾到，或許沒夾到，都超過了直接買娃娃的錢。

最矛盾的是：那個娃娃並不是你喜歡的。

像這樣因為怕損失、怕浪費，做了原本不想做的事，還繼續投，直到無法自拔，這叫「承諾升高」。不管怎麼投，沉沒成本越來越多。

蛋糕事小，關於職場和工作，很多人也會出現類

圖 2-2 沉沒成本：為何夾不到娃娃卻一直投錢！

似的情況。可能是為了不想浪費一、兩年考公職的時間，也可能是公司名聲太大，也或許是很難考，總之，在一陣廝殺後，終於擁有了辦公室的一桌一椅，即使工作後發現不適合，也繼續待著，甚至到退休。

 ## 跌倒了，從別處爬起

至於，女人最常捨不得的沉沒成本是什麼？

我想是青春，或者是曾經擁有過的愛情。

常聽到這樣的故事：因為先生外遇提出離婚，太太在傷心之餘，找姊妹淘投訴，訴苦的台詞通常是「當初他追我追得多辛苦」、「當初他口口聲聲說，這輩子永遠只愛我一人」、「怎麼可以這樣」。

親愛的，當時是當時，在說著愛之語的他，當下的確是愛妳的，現在事過境遷，愛如果無法挽回，過去的曾經也都成為了沉沒成本。

當愛成為沉沒成本，請擦乾眼淚，不要再用之後的十年一直咀嚼著背叛的滋味。

愛情如此，投資行為，也很容易落入沉沒成本的謬思。

買到沒有前景的公司股票，股價跌跌不休，再放下去也不會有未來，卻不願意放生，認為只要攤平就不會虧，結果是越攤越平，從三位數攤到兩位數，或者不想面對現實，告訴自己「反正不賣就沒損失」。

我們要避免落入沉沒成本的謬誤中。做了就是做了，過去的就是過去了，無論怎麼做都無法取回失去

的金錢，就算一直做不快樂的事，也無法讓失去的金錢回來，還會讓你更糟，那麼，你為什麼要把洞越挖越深呢？還不如早一點兒放棄的好。

跌倒了，不一定非得要從原處爬起，也可以從別處爬起。

這一支股票賠了錢，趕緊斷頭，學習投資知識，重新尋找有希望的股票吧！不要企圖用更多錯誤的時間、精力、金錢，去挽回一個已經不可能成功的錯誤。

半途而廢，也是一種理性

沉沒成本的謬誤告訴我們：有時候半途而廢，也是一種理性。

例如創業一段時間後，心知肚明自己投入的時間已晚，再下去不但只會燒更多錢，還換不回好結果。

這個時候，請半途而廢。

說到半途而廢，很多人可能會皺眉頭。這是因為

我們從小就被教育不能半途而廢。

我認為，並非所有的事情都不能半途而廢，想想，如果一輩子就這樣走在不喜歡的事情上，莫名其妙地就過完此生，你真的願意嗎？

我雖然重視沉沒成本，卻也不一定事事都要計較是否成功：有時候我做事會一路走到底，是因為我非常喜歡這件事，就算不成功也沒關係，也不會計較花了多少力氣。

如果事情不是你喜歡的，請一定要思考沉沒成本，而不是「來都來了，就繼續占著吧！」

人生只有一次，當不辜負！

吳 淡 如 煉 金 教 室

▶ 人不總是理性的，在做決策時，常常會被已投入的時間、精力或金錢所影響。

▶ 經濟學將「已經發生的投入，但無法回收」的成本稱為沉沒成本。

▶ 與其一直看過去，不如將時間、精力投入到一個更有朝氣，更幸福、更有機會的事情上。

▶ 永遠不要將錯就錯，有的時候，半途而廢也是一種理性的勇氣。

第 **3** 篇

投資
投資概念及股、匯、美金

09. 為什麼要長期投資？兩百年歷史告訴你的投資真理

> 一塊錢放了兩百年，現金剩下 0.05 元，放黃金變 3.12 元，放股票變成 103 萬元！這是兩百年來的數學統計平均值。
>
> 透過以上的數據，我們可以知道為什麼要長期投資？以及什麼才值得長期投資！

大家都明白長期投資才是對的，才能長治久安，但是腦裡想的卻都是短期獲利。

巴菲特的「價值投資法」講求長期平均績效，成

長是有目共睹的，然而，講到賺錢，大家想的卻是
「明天就要漲」！

投資與投機的差異

　　說到投資，請先界定一件事：投資與投機有什麼
不同？

　　投資指的是：把錢放在可以長期增值的資產上；
投機則是指：進行短期操作，利用投資工具的價差而
爭取獲利。

　　舉例來說，A 先生把錢放在投資基金或股票上進
行長期持有，讓股票或基金的價值隨著時間而增加，
此時，A 先生就是進行投資。

　　但如果 A 先生今天買進股票後，在幾天內、幾週
或幾個月內就賣出賺價差，那就是在進行投機。

　　有趣的是：這個世界上真正進行投資的人很少，
但進行旁門左道、打聽明牌的人多。而想要投資，最
重要的就是先了解什麼是投資？當擁有長期投資的概

念，未來退休時就不需要擔心投機所產生的風險，能夠持盈保泰地過生活。

不同資產的投資報酬率到底有多少？

既然我們要進行長期投資，就要先了解：哪些投資工具在長期的績效上有著良好表現？哥倫比亞大學統計了 1802 年到 2014 年各類資產表現，包括現金、黃金、股票、債券等進行分析，發現了許多有趣的結果。

現金：很多人認為：現金為王，看得到的最實在，所以寧願把現金放到銀行定存，也不願意拿出來投資。但這樣的觀念到底對、還是不對？

我個人的看法是：守株待兔肯定不對。

哥倫比亞大學的統計分析結果是：如果在 1802 年持有 1 塊錢美金，那麼到了 2014 年，1 塊美金的

圖 3-1　整體資產回報率（1801 ～ 2011）

購買力大約只有原來的 5%，也就是 5 美分。

　　我們常聽老一輩的人說，四十年前一碗陽春麵才 5 元，現在都要 50 元。是的，悄悄地就是 10 倍！活得夠久你會看得更多！這就是因為通貨膨脹吃掉了現金的價值，所以持有現金並不是一個好的投資。

　　黃金：黃金做為貴金屬中最常被交易的標的，加上黃金這幾年貌似還不錯，那麼，黃金一定增值很多

吧！

這個結果可能要讓你失望了！

如果在 1802 年用 1 美元買了等值的黃金，到了 2014 年將黃金賣出，價格為 3.12 美元。也就是說，這兩百多年來，黃金增值了 3.12 倍。

聽起來很多，但這是放了兩百年的結果。如果用年化報酬率來看，那麼黃金一年的報酬率是 0.5％。

這樣聽起來是不是有點少？

想不到吧！

難怪巴菲特說：「黃金 do nothing！」「不長利息、不能吃，逃難時也換不了兩碗飯，還會被搶！」（後面這句我補充的）

黃金不是投資財而是投機財，賺到的都是某個波段趁世道危亂漲上來的錢！如果你把獲利除以持有年限，你會很驚訝自己賺的比投資台積電股票之後就不甩它還少很多！黃金一盤跌，也有超過十年的紀錄喔！

債券：在哥倫比亞大學的統計中，短期政府債券

增值為 275 倍，而長期政府債券大約是 1,600 倍，也就是說：債券在資產報酬的表現上，遠勝於黃金跟現金，而它們的年化報酬率分別為 2.7% 與 3.5%。

在此要提醒大家的是：不是任何債券都可以投資，因為債券的分類很複雜，包括各國政府債券、公司債券等，而以美國政府債券來看，又可以分為短期債券、中期債券跟長期債券，公司債券又會因為評等不同，而有不同的債券型態，像是造成 2008 年金融風暴的雷曼債券，還有根本是個歷史悠久騙局的馬多夫債，就是很糟糕的投資標的。

所以，千萬不要看到債券一時投資報酬率不錯，就一股腦兒地投資債券。我看過很多人買的是鎖很久的連動債（比如六年才能回贖的澳幣和南非幣）而不自知，甚至開心的以為自己有「配息」，結果是多了羊毛少了羊肉！還有要提醒你，連美國政府債都不可靠。

「債多不愁」您聽說過吧？！

股票：股票對很多人而言，是一個風險很高的投資工具，許多人認為，這兩百年來，股票的報酬應該不高。

但事實是：股票的報酬率高達 103 萬倍。如果以年化報酬率來看，也就是 6.7％的報酬率。

這時候你可能會想：以 6.7％的報酬率來看，真的可以到 103 萬倍嗎？

是真的！這就是複利的力量！

請用 1.067 乘以 200 次看看！

愛因斯坦曾說：複利是世界第八大奇蹟。透過複利的力量，可以將 1802 年的 1 元美金，到 2014 年滾出 103 萬美金的價值。

如果你覺得這是神話，請看一個真實的案例：股神巴菲特 1962 年收購波克夏，當年每股 7.5 美元，如今每股超過 40 萬美元，漲幅 5 萬 6 千倍！（年化報酬約 20％左右）這就是複利的力量！

1964 年，就是敝人在下我出生的那年，在我 4 歲時，我的爸爸考上美國公費留學，人在美國。

爸，如果你那時為我投資 100 美金的話，我……就……就太崇拜你了！

投資需要克服兩種力量

看到這些數字之後，你的心中或許會有一個疑問：現金不是最安全的嗎？為什麼會貶值成這樣？股票不是風險最高的嗎？怎麼會增值成這樣？

李祿在課程中提到，造成這兩種資產巨大差異的原因有兩個：通貨膨脹跟 GDP 成長。

在美國兩百年中，大概每一年的通貨膨脹比率為 1.4％，也就是說，每一年的購買力會以 1.4％的比例下降。這代表今年可以用 100 元買到的東西，十年之後需要 114 元才能買到，代表購買力變成了原本的 87.7％，三十年之後就需要 151 元來購買，購買力變成了原本的 66.2％。兩百年後，原本 100 元的東西要 1,612 元才能買得到，購買力變成原來的 6％。（事實上，購買力的下降比以上的運算還快！官方的通膨

數字並不可靠。）

至於股票為什麼可以不斷增值，這就跟 GDP 成長有關。GDP 是國民生產毛額，代表經濟成長的一個指標。美國在過去的 GDP 成長了 33000 多倍，平均每一年的成長是 3%。

你可能會想：GDP 跟股票有關係嗎？

這個時候就需要回到股票的本質來看：股票並不只是一張紙，而是代表企業的成長（當然也可能崩盤），當你持有股票時，表示你擁有這個企業的一部分，你擁有這間公司部分的所有權。

再來，通常上市的股票，代表著它在市場上有一定的規模；GDP 增長，表示公司有隨著經濟成長而獲利，股票就會增值。所以，只要你挑對股票，你手中的資產價值就會隨之水漲船高。

其實，不挑可能比挑好，S&P 500（500 間公司股票），多年來的投報並不輸巴菲特的波克夏，機關算盡太聰明，又為了啥？

因此，如果我們想要讓資產增值，在思考投資標

的物時，一定要考慮到通膨跟投資標的物未來是否可以隨著經濟成長而獲利，鎮著錢，可能才是浪費錢。

吳淡如煉金教室

▶ 投資是把錢放在長期增值的資產上；投機是進行短期操作價差進行獲利。

▶ 並非所有的債券都能投資。

▶ 股票並不只是一張紙，而是代表企業的成長。

▶ 思考投資標的物時，一定要考慮到通膨跟其未來性。

10. 把錢放在真正值得的投資上

> 聽到變種病毒，人人臉色大變。
>
> 當黑天鵝繼續下去時，會不會造成經濟大蕭條？
>
> 經濟大蕭條是非常值得了解的事情，當我們明白什麼是經濟大蕭條，將有助於對景氣的嗅覺，並且懂得把錢放在真正值得的投資項目上……

　　每一次面對經濟危機，許多人就會想到經濟大蕭條，但到底什麼是經濟蕭條，什麼又是經濟衰退？

　　有些人會認為 2008 年的經濟危機就是經濟大蕭

條，這充其量只能叫做「流動性危機」，也就是金融的問題，並不能稱做經濟大蕭條。因為這只是一時發生了一件困難的事情，但整體的產業經濟並沒有受到影響，大部分國家的 GDP（國內生產總值 Gross domestic product）並沒有受到嚴重的影響。

經濟蕭條 vs. 經濟衰退

我們先來說說經濟大蕭條，是的，很久了，這是指課本中有讀過的 1929 年美國經濟大蕭條。當時我們都沒有出生，也真的不知道當時到底有多嚴重，但是根據歷史紀錄，當時狀況是非常、非常地慘，維持很久，骨牌效應很大。

在討論經濟蕭條之前，我們要先清楚蕭條跟衰退的差異。衰退的英文是 economic recession，美國全國經濟研究所（National Bureau of Economic Research，簡稱 NBER）將衰退定義為經濟活動在整個經濟中的顯著下降，持續了幾個月以上。

經濟蕭條的英文則是 economic depression，目前經濟學上並沒有明確的定義，有些人認為經濟蕭條應該要長達三年以上，或者是 GDP 衰退 10％以上，不管怎樣，蕭條通常比衰退還要嚴重。

為什麼要如此咬文嚼字，將這些名詞做介紹與定義呢？因為我發現很多人會道聽塗說，把衰退當成蕭條，衰退不一定會造成蕭條，專家或記者自己不清楚定義，動不動拿來嚇大家，狼來了……狼來了……。

歷史上，悲觀主義的聲音總是比較聳動。

美國經濟大蕭條時發生了什麼事？

大家都會擔心，美國經濟大蕭條會不會重演？比如 2020 年新冠肺炎初至，許多人擔心將來會不會有什麼事引起全球經濟大衰退，甚至是經濟大蕭條呢？然後就告訴大家「現金為王」，結果疫情雖然嚴重，股市房市竟然漲、漲、漲……為什麼？我們來看看到

底美國經濟大蕭條的時候，發生了哪些事情。

首先，1929 年的經濟大蕭條維持了十年之久。找不到工作，連買麵包都大排長龍，想買醉都沒有酒澆愁……真不知道美國人當初是怎麼撐過來。

經濟大蕭條的問題在於：許多「經濟單位」都出了問題。店倒了，人失業了，家庭斷炊了……

如果拿新冠肺炎做比喻的話，新冠肺炎主要是引發人的呼吸系統問題，如果這時一個人的心臟血液循環系統沒問題，那還有快速康復的可能性；但如果呼吸系統的問題太嚴重了，導致身體其他的生命系統也無法正常發揮功能時，就有可能導致生命的嗚呼哀哉！

1929 年 10 月 24 日，道瓊指數下跌 11％，創下當時美國歷史的最大跌幅。有趣的是，後來這個紀錄被 1987 年黑色星期一打破，因為 1987 年那一天跌幅為 20%，但不同的是：1987 年的下跌並沒有引發美國一連串的經濟危機，因為在 1987 年時，美國大部分的部門、金融機構、企業、家庭或個人的「資產負

債表」都很健康，沒有引起後續的連鎖效應。

金融體系是否有學聰明也非常關鍵。1929 年時，美國採金本位制，所以美聯儲宣布緊縮貨幣供應，結果反而讓市場上的資金更加短缺，於是兩個月當中，竟然有 650 家銀行倒閉，一年內 1300 家銀行破產，在四年間有超過 9 千家銀行倒閉。事情越來越嚴重。

如果有一家銀行倒閉，那可能就是「半澤直樹」演的為富不仁、活該；但如果很多家銀行破產的話，發生了「系統性的問題」，這是一個很可怕的事情。

根據事後統計，當年有 1,400 億美元的存款煙消雲散，也就是大家的錢蒸發了、沒了，你可以想像這對於家庭跟消費會產生多大的衝擊。除了儲蓄沒了，更重要的是企業倒閉，引起高達 30％ 的失業率。

這樣的情形持續了將近十年，一直到 1939 年，納粹德國進攻波蘭，打響了第二次的世界大戰，這時候因為戰爭需要軍事裝備，所以經濟開始活絡，呈現噴發式的成長，美國才走出了經濟大蕭條。（現在你知道有些國家愛用戰爭來轉移焦點，同時刺激自己的

經濟了吧？仗都打在別人國土上啊！）

 ## 經濟大蕭條的教訓

從宏觀經濟來看，自從 1929 年美國大蕭條之後，就比較少發生類似的大蕭條狀況。

原因在於，後來的經濟學者從大蕭條當中學到了教訓。

1976 年諾貝爾經濟學獎得主傅利曼出了一本書叫做《美國貨幣史》，書中明確地分析過 1929 年的狀況，並且提出一些解方，認為如果當時政府「做了這些事」就可以避免十年的大蕭條。（我跟你賭，各大國央行總裁都看過此書，所以開始印鈔票！）

傅利曼認為，剛開始發生經濟衰退時，美聯儲不但沒有增加貨幣供應，反而是把貨幣供應緊縮 30％，這種情況就是雪上加霜，在經濟的傷口上撒鹽（快餓死了，還要他節食），導致銀行大規模地倒閉。所以他認為，當時美聯儲的正確作法，應該是擴

大貨幣供應，也就是所謂的印鈔票，透過印鈔票來維持經濟穩定，避免從衰退陷入蕭條。

這個印鈔解方後來也被許多聯準會主席，像是葛林斯潘、柏南克、鮑爾等人沿用，所以不管是網路泡沫、次貸風暴等經濟衰退狀況，最後都是用寬鬆貨幣政策來應對。但是問題也來了，人類還沒碰過「全世界錢印太多會怎樣」的事情。

除了寬鬆貨幣政策外，後來美國還採用另外一個重要的金融措施，那就是 1934 年羅斯福放棄了金本位制，讓黃金與貨幣脫勾。從這時候開始，貨幣的供應不再受限於黃金儲存量，貨幣政策也就更為彈性。

（所以，黃金在金融體系中的位子，有像你祖母時代那麼重要嗎？請大家自己想想。）

投資心理學：避免從眾心理

了解了經濟學的原理，你就不會一股腦的跟著恐慌。對個人來說，一個會投資理財和做生意的人，有

什麼是最要謹慎思考的呢？我認為是「從眾心理」。

在心理學上，從眾心理指的是跟從大眾的想法進行決定；通俗一點的說法就是跟風。

從眾心理到底對還是不對呢？其實從眾心理是人類普遍現象，是人性本能，沒有對跟不對。

舉例來說，大家都說好看的書，可能就會讓更多人願意去閱讀，大家都說好吃的店，我們也會比較願意去嘗試；但如果你想要賺錢的話，就需要有自己的判斷，只有從眾心理的人，通常蠻倒楣：你會變成最後一隻老鼠。

說白了：這些年不賺錢，錢海浮沉，有時歡喜有時憂，一不小心回原點……因為你想的跟大家一樣。

一有風吹草動，就活得戰戰兢兢，報紙講什麼你就聽什麼，最後做出錯誤的決定，這是因為你有從眾心理！

舉一個例子來說明，2020 年時，特斯拉的股票下跌到 80 多美金，這時候你會做什麼決定呢？很多人絕望了，因此把「可惡的」特斯拉的股票售出，

結果不到一年的時間，特斯拉的股價曾漲到 800 多美金，錯失了最好的時機。

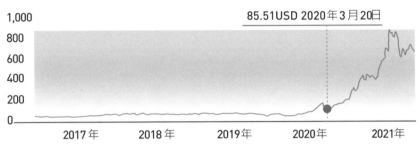

圖 3-2 特斯拉股票

如果從心理學的角度來看，賣掉虧損的股票比買進股票還要痛苦。所以我們會發現很多人在買股票的時候都會有一個共同的心理：別人買，我也跟著買準沒錯。但碰到股票下跌的時候，你卻不願意賣，認為賣掉就代表損失；等到真的受不了虧損而出售時，才發現自己賣在最低點。

我有位朋友做了好久生意，可說是 360 行，行行

都做過。人家說賣衣服好，他就去賣衣服；人家說蛋塔好，他就去賣蛋塔，後來聽說直銷安穩，就去做直銷。但每一次都是搭到最後一班車，成為最後一隻老鼠。

千萬不要因為大家都怎樣，所以我就去做，從眾對你的人生並沒有好處。

想想，如果你都跟別人做一樣的事，還做得比人家慢，因為你是跟隨者，那麼，你跟別人的差別在哪裡呢？

答案是沒有差別！

當沒有差別時，就是沒有特色，就跟看現在什麼熱門就去做什麼一樣，你正在殺進一片血海（完全競爭市場）而不自知！

有個理論是「擦鞋童理論」。

意思是如果連華爾街的擦鞋童都在討論股票、如果捷運上到處聽到有人在講台積電，你覺得……你殺進去是屬於先知先覺嗎？

吳淡如煉金教室

▶ 經濟蕭條比經濟衰退還要嚴重。

▶ 從事任何投資前,一定要對經濟有基本的認
  識。

▶ 不賺錢,因為你想的跟大家一樣。

▶ 如果你都跟別人做一樣的事,你跟別人的差
  別在哪裡呢?

11. 心臟要有多強才能玩高風險投資

> 其實我做過非常久的高風險投機者，搭過很久的雲霄飛車，也僥倖賺過幾票！（偷偷透露給你：我買過大額南非幣，賭過日圓貶值，也在「房利美」跌到美金 1 元以下時超勇敢的進場過……這些講起來有點複雜，請不要懂。最後結果我都沒賠喔！不過，我後來發現長期債就絕對不如 S&P 500 甚至 0056，還白操了心，最後我發現，在投資中衝進衝出，很難樂活！）

很多人認為，可以透過「賺一票大的」，然後順

利退休。但賺一票大的，代表著這是高風險的投資，也就是一種投機。

這樣的投機真的可以賺到錢嗎？

機會是有的，但是高報酬代表著高風險，此時，就要評估一下自己是否可以承受這樣的風險。

投機就是：比膽識、比頭腦、比錢多

關於投機遊戲，我先說結論：比膽量、比頭腦、比錢多。

這是一個關於我的真實故事。

我曾經操作過很多年的投機商品，光是外匯就達二十幾年。

有操作過外匯的人應該知道，外匯是一個很難的金融商品，要能操作外匯二十多年還沒有陣亡，是很不容易的事情。還好，我做的不是期貨、不是權證，是現貨。

2008 年到 2009 年的時候，我操作外匯跟一些金融商品，那時，全世界碰到次貸風暴所產生的金融海嘯。

「幸好」，我碰到更大的災難。（這當然是事後諸葛亮的想法。）

那一年我因為高齡生產的關係，不但小孩有生命危險，連我自己也因為敗血症差點沒命，所以我根本沒有心力去了解當時外匯的獲利狀況。事後才發現，那一段時間我虧損了將近 3 千萬。（其實當時就算知道了，我也沒有辦法處理，只能繼續放著，當時的虧損是因我滿手澳幣，而澳幣那年國際定存還有 3%，只能用定存冷凍著。）

大概到了 2012 年的時候，我趁著外匯走勢還不錯，將手上持有的部位都處理掉，那時澳幣對美金，由 0.7:1 漲到超過 1:1，最後倒賺了 3 千萬。

我算很幸運，事實上，金融海嘯時，沒人認為澳幣會起死回生。我是因照料新生兒沒空煩惱，才放了這麼久。

經過這次之後，我深深理解到：投機者就是這樣，如果挺不住，你就會完蛋。我很慶幸當時我的財務槓桿沒有很大，用「現貨」而非「期貨」做外匯，所以沒有被斷頭；另外就是，還好那時候我沒有力氣沒有管這些事情，所以沒有認賠殺出，等到市場反轉後才能倒賺一筆。後來我把這 3 千萬買了京都跟東京的房子，當做我投機的禮物，也讓我開始思考如何穩健投資。

但是，大部分的投機者都挺不住。不是膽識問題、不是頭腦問題，而是口袋不夠深。所以，如果沒有一定的資金，真的不要玩投機遊戲。

百歲投機之神投資成功學

提到投機，就不得不介紹德國的投機之神：安德烈‧科斯托蘭尼。

安德烈‧科斯托蘭尼是德國人，他活了 100 歲，經歷了世界大戰、各式各樣的經濟衰退與經濟大蕭

條：看盡多少人起朱樓、看盡多少朱樓塌了，他是在投機這條路上依舊活得很好，還活得很久的極少數人。90幾歲的時候，還過著美女環繞，在歌劇院喝紅酒、吃魚子醬的生活。

但他的人生也不是一帆風順，這輩子他也曾破產兩次！

安德烈·科斯托蘭尼在書中提到一件事情，他曾經長期住在某豪華飯店裡面，因為他想要偷聽出入飯店的商業鉅子在聊些什麼？有一次，酒店的服務員把知名銀行家曼海姆的電報送到了他的房間，他偷偷看到了電報的內容，發現了一個大祕密：原來銀行家剛剛在全世界買進大量殼牌（Shell）石油的股票。

無意間知道這個消息的安德烈·科斯托蘭尼，原本準備要放空殼牌石油，決定買進大量的殼牌石油。不料這個消息，卻是導致他第一次破產的主因。最後，安德烈·科斯托蘭尼得出一個結論：偉大的銀行家也未必能夠在投資市場上賺錢。

所以他的座右銘就是：「凡是證券市場裡面人盡

皆知的事情，我都不會因而激動。」而且他還強調：
「傻瓜比股票多的時候，千萬不要進場；要在股票比
傻瓜多的時候進場！」（從眾一定不對）因為這時候
沒有人要買股票，這就是進場的好時機。

就我的觀察，內線情報的確是毀滅的代名詞，綜
觀台灣這幾十年來的股票市場，早年股市的四大天王
呼風喚雨，每個人都有內線，還有人因而遭到黑道追
殺到國外流亡……，而當年的股市大師，你現在還記
得幾個？如今安在？

對於投資股票，安德烈·科斯托蘭尼說：「股票
是一個人牽著一條狗，出去散步，人走 1 公里，狗通
常要來來回回走 4 公里，但不管跑多遠，終究會回到
主人身邊。」意思就是說股票不管上上下下多少次，
最後終究會回歸到一個合理的價位。所以，評估股票
就是評估現在的股價——這隻狗離主人（真實經濟狀
況）有多遠。

安德烈·科斯托蘭尼也在書中提到：「錢啊！屬
於狂熱追求金錢的人。」所以賺到錢，必須要對金錢

著魔，就好像魔法師催眠的蛇那樣。但同時他也勸告
這些正在金錢世界進行投機的人，雖然蛇被催眠了，
但還是要保持一定的距離。

簡單來說，他告訴投機者，你既要愛錢，但又得
跟它保持一定距離。你要冷靜，也千萬不要人云亦
云。我最怕遇到「我 50 歲，現金有 300 萬，怎樣才
能夠養老、夠退休」的問題。能夠給你明確答案，保
證你穩賺不賠或極樂意幫你理財的，都是詐騙集團！

為什麼殺進殺出必死無疑？

有時候我總在想：為什麼康莊大道冷冷清清，旁
門左道車水馬龍？明明投資路上很多大家都知道的事
情，為什麼都不願意去做呢？

我常會聽到一些股市天才，他們說自己可以打敗
大盤，但其實大部分的時候他都沒有打敗大盤，而是
維持著跟大盤成正比。但如果你在股市殺進殺出，光
是稅金跟手續費就會吃掉你的獲利，還是有可能導致

虧損。

再來，我們用美國股市來看投資報酬。從 1946 年到 1965 年時，美國股市的平均回報是 10％；但是在接下來的十五年內，從 1966 年到 1981 之間，股票不但沒有增長，而且連續十五年都在跌，如果你剛好在這十五年坐上車，就算買什麼也都沒有用。再接下來的十六年，也就是 1982 年開始到 1999 年之間，股票的投資報酬率是 13.6％；但在接下來的十三年中，從 1999 到 2012 年，中間經歷了網路泡沫化，還有金融海嘯，所以這十三年中股票的長期的價值都是下跌。

趨勢，比你個人的聰明才智重要！

疫情後股票跌了一陣，接著一年多都是看回不回的大好牛市，連股市新手都寫書告訴大家怎麼投資。這其實符合「豬在風口也會飛」的現象，牛市賺不到錢才奇怪，風停了誰會摔成肉醬？

透過這些數據，我們可以推論：所有的投機天才都只有在多頭時出現，通常在黑天鵝出現時一夕跳

水，熊市的時候死得很慘，請大家一定要謹記這句話：任何孤注一擲都是不對的！

著名的經濟學家凱恩斯有一句話：In the long run, we are all dead，最直接的翻譯就是：長期來看，我們都會死。其實投機也是如此，在投機這條路上，真正能夠持盈保泰的人很少。所以想要真正賺到錢，就必須要透過價值投資法。

我的學長施昇輝是一個很好的例子，他奉行價值投資法，在工作時就進行價值投資，43 歲之後就沒有上班，一直到現在超過 60 歲，他們家每年花費約 100 萬，還可以培養三個孩子上完大學，而且一家人過得很好。

另外一個例子是股神巴菲特，這世界上進行價值投資法最成功的就是他，他用自己五十年的時間，給了我們一個很重要的概念：投資人可以透過長期不懈的努力，真正的建立自己的能力跟判斷力，對於某些公司、某些行業獲得超乎別人更深的理解，歸納出自己的投資判斷力，最終透過長期投資獲利。

吳淡如煉金教室

▶ 投機遊戲就是比膽量、比大腦、比錢多。

▶ 內線情報是毀滅的代名詞。

▶ 傻瓜比股票多的時候，千萬不要進場；要在
股票比傻瓜多的時候進場。

▶ 任何孤注一擲都是不對的！

12. 慢飆股，長期持有不怕套牢

> 什麼叫做慢飆股呢？答案就是當你買的時候漲得很慢，當你賣了之後卻發現「它怎麼會狂飆」的股票！

「慢飆股」*這個詞出自於闕又上老師《慢飆股台積電的啟示錄》，這本書並不是在告訴你 500 多塊的時候買進台積電，而是分析台積電的成長過程，讓投資人可以知道如何選擇慢飆股。

闕又上老師是財務規畫師（CFP）、美國又上成長基金經理人。2003 年，他幫管理的共同基金第一

---

* 取自《慢飆股台積電的啟示錄》（天下雜誌），如果想了解完整的概念請看這本書。

次購入台積電，經過十七年的長期等待，現在台積電已成為他在資金管理生涯中的第 16 檔 10 倍股。

什麼叫做慢飆股？闕又上下了個幽默的解釋：就是你擁有它的時候，它成長得很慢；但是當它被你賣掉的時候，就開始飆漲，這就叫做慢飆股。他在書上的介紹是這麼說的：

慢飆股的「慢」，在於遇到挑戰時可以沉潛、等待復甦，而不致於一敗塗地；

慢飆股的「飆」，是反映長年在經營管理體質上精研，所帶來的獲利成果。

所謂的慢飆股的特色，就是這間公司深具潛力，但這種潛力不是一帆風順，因為企業的成長和茁壯絕對不會是在真空環境裡。張忠謀曾經說過：「台積電沒有一天是萬里無雲。」但就是因為不斷面臨挑戰，才會成長為現在的台積電，不然你以為張忠謀為什麼一把年紀還回台積電坐鎮。（其實就是體質健全，用

心於長期經營，其產品具有核心競爭力，企業又有彈性應變的公司啦！）

慢飆股的特質是：就算它跑得很慢，但不會讓你失望。

2000 年網路泡沫時，台積電面臨挑戰，這時候台積電進入短暫調整與休養生息，沒有耐心的投資者紛紛賣出。2002 年的時候，你想不到台積電一股只有新台幣 50 多塊。由於 1999 年時，它曾經達到新台幣 225 塊左右，這一來一往就縮水 75%，也很可怕吧！這時候很多人因為害怕台積電繼續下跌，所以將手上的台積電出售。

或許有人會事後諸葛地說：如果我那個時候買台積電有多好！說得容易，從 2002 到 2017 年，台積電花了十多年才回到 200 元，而在這十幾年當中，台積電的股價一直在 50 塊到 75 塊之間來來回回很多次，一直到 2011 年之後，股價才慢慢開始回升，這段時間內台積電一直在橫向盤整，其他的股票都漲到翻掉時，它還在起起伏伏，你那十幾年如果持有台積電，

一定覺得自己倒楣死了。

　　所以，對台積電投資者而言，這段期間是最難忍耐的漫長時刻。而且這段時間，還真不是一個慢字說得清楚，甚至很多人都已經放棄了，卻沒想到這六年來，台積電呈現爆發性成長，疫情後世界各國竟然還拚了命搶芯片，到 2021 年股價曾來到 600 多元，成為台股的護國神山。你如果沒耐心，沒長期投資，護國神山也會變成壓垮你的那座山！

閉著眼六年財富翻倍的股票

　　如果六年前有人跟你說：買台積電六年可以翻倍，你會相信嗎？

　　台積電在 2014 年股價只有 100 多塊，到現在股價已經漲了 6 倍。而且還沒算配股！

　　闕又上老師在書中提到：慢飆股為什麼值得投資呢？因為這些股票通常在資本的配置上，會著重增加核心競爭力。以台積電來說，台積電所賺的錢會投入

到研發，以及擴大產能上，用來增加其核心競爭力。

以製程技術來說，目前台積電在 7 奈米和 5 奈米的製程上，已經領先全球，而台積電本身已經在研發 2 奈米的製程，日前也傳出好消息，良率已經超過預期。除非對手真的能夠彎道超車，要不然台積電在技術上肯定是大幅領先業內其他公司。

簡單來說，如果你要買任何個股的話，應該要買的是有核心競爭力的公司，尤其是技術領先的公司。因為任何一間公司要做到技術領先相當困難，尤其是台灣的公司能夠做到像台積電這樣被世界看見，更是少之又少。同時也要提醒你，如果不是 iPhone 等智慧手機出現，Nokia 一直是行業第一名喔！在宣布結束手機營業以前，又如何呢？不被變化淘汰是很重要的。

在中美貿易戰時，華為很倒楣，台積電也大跌，大家（包括絕大多數分析師）認為它失去大客戶，事實上，因為台積電領先業界的技術，所以在人工智慧、5G 蓬勃發展的時刻，台積電的芯片就成了各大

廠購買的對象，所以就算是沒有華為的訂單，空出來的產能也很快會被其他廠商填滿。因此透過觀察台積電，可以學會看懂一家一流企業未來的成長性。

我不是在說服你買台積電，事實上，對於想長期投資的人，稍能將風險分散的 0050ETF（含台積電比例非常高）比台積電安穩些！

如果你真的很想要投資台灣，讓台灣的企業跟著你的財富一起成長，那麼最重要事情是：選擇體質很好的公司進行投資；但如果你真的害怕股價上下影響心情，那麼你可以選擇有 5G 相關的 ETF 進行投資（有未來成長性的優質公司），也有機會讓自己的財富隨著慢飆股而成長。

為什麼台積電有前途？什麼叫做工業 4.0

投資股票就是代表你擁有該公司的部分所有權。既然如此，當然要事先了解公司的狀況，包括公司的

企業文化、策略方向和管理營運能力。

更重要的是成長的力量。

說到成長的力量，來談談工業 4.0。我在念中歐商學院時，老師每次提到工業 4.0，同學都面無疑惑，我則慌得要命：天哪！請問 1.0、2.0、3.0 是什麼？又不好意思問。

工業 4.0，推動了台積電的成長。

先來介紹終於有解的工業 4.0。簡單來說就是第四次工業革命。既然有第四次工業革命，就代表有前三次。以下就稍微介紹一下前三次工業革命的狀況。

呵呵！這時光隧道一回去就是兩三百年：

- **1.0 第一次工業革命：** 就是我們所熟知、考試都考過的 18 世紀英國工業革命，當時瓦特發明的蒸汽車帶動了火車前進，也帶動了整體的生產力。手工業被機械製造取代，大量生產成為可能，同時還因為火車的發展，使交通更為便利，促進了國內外的貿易。

- **2.0 第二次工業革命：**時間大概是 19 世紀末到 20 世紀初，這次是以美國和德國等新興工業國家主導的工業革命，主要的發展在化學、汽車、電力與電話技術等重工業領域，這是人類有史以來工業進化最快的一段時間。最大的特點在於電力和通訊技術的發展，特別是在貝爾申請電話的專利權之後，世界形成一個巨大的通訊網，是日後的網際網路的重大基石。

- **3.0 第三次工業革命：**第三次工業革命又叫做網際網路革命，也就是網際網路的發展。雖然在 2000 年到 2003 年的時候遇到網路泡沫，但這是因為當時發展速度過快，空殼公司很多，人人有希望，個個沒把握，加上股價虛漲、背離實質，最後的結果當然是非泡沫不可。

至於第四次的工業革命是什麼呢？其實就是大數據、人工智慧和雲端應用，簡而言之，AI 來了，物聯網來了，古人想像不到的什麼都來了！舉幾個例子

來說。

- 2015 年 10 月，AlphaGo（阿發狗）擊敗世界頂尖的圍棋棋士，當時還是有棋士可以擊敗 AlphaGo；但在短短不到兩年時間，人類世界已經找不到可以擊敗 AlphaGo 的棋士了。人要吃飯睡覺，阿發狗可以 24 小時不斷學、學、學各種套路。
- 幾年前看到 Google 有一個廣告是這樣：有一個油漆工人進入房間，當他要開啟電燈，就對 Google 音箱說：「Google！幫我開前門大燈。」然後大燈就亮了。當他需要第二個幫手時，他就說：「Google！幫我呼叫湯姆。」這代表具有人工智慧的機器人出現，可以藉由語音辨識理解人類語言，意思是這些機器人會聽話了。

但不管是機器人或者是無人車，都需要依靠人工智慧與演算法來分析這些資料，所以需要使用高速運

算的芯片。台積電就是站在這個高速運算的芯片的戰略地位上，現在你知道它不是在亂漲吧！不過戰略地位再重要，也不代表它不會大幅度下潛喔。按照數學原理，台灣 50ETF 比台積電不易跌停，而 S&P 500 比蘋果股價穩定，不是嗎？（全部跌停 ETF 才會跌停呀！）

對此以前覺得很新奇的事，現在想起來一點也不困難。我的很多文章都是語音寫的，辨識率已近九成，肯定比自己抄得快！我家早已不用 CD，我有一隻「天貓精靈」，我叫它播大提琴、蔡依林，它都可以馬上做到。高速公路上特斯拉的自動駕駛功能已經很好用，它們都只要……電。

他們很乖，不休息不睡覺，只要你下對指令，他們的執行比人還精準。這讓你想到什麼呢？是的，如果你的工作，電腦會做得比你精確，你都可能失業。專家預言，將來可能連法官、會計師或家醫科醫師都不需要那麼多，AI 的精確度和公平度，以及效率都可能比人強！

吳 淡 如 煉 金 教 室

▶ 慢飆股的特質是：就算它跑得很慢，短期使
　你沮喪，長期卻不會讓你失望。

▶ 慢飆股通常在資本的配置上，會著重增加核
　心競爭力。

▶ 如果你要買任何個股的話，應該要買的是有
　核心競爭力的公司，尤其是技術領先的公
　司。

▶ 如果害怕股價上下影響心情，可以選擇 ETF
　進行投資。

13. 買黃金，請不要超過總資產5％

> 災難來了，要趕快存黃金？很多理財專家到現在還都如此建議。我不知道該說些什麼，大家都買，它當然會漲一時，但為什麼它不會像特斯拉一樣從80直上800！
>
> 先把結論告訴你：請不要超過總資產5%，不管你對黃金的期待有多深！不管專家說到底會漲到多少？請了解黃金的本質是唱衰經濟商品！

每當黃金漲了，我就會被問到投資黃金的想法，東方人熱愛黃金，似乎是原始召喚。

先說結論，我認為黃金的本質就是唱衰市場，所以不管你有多喜歡黃金，都不要超過總資產的 5%。

黃金是悲觀投資工具

當人們會想買黃金的時候，通常都是對未來悲觀的時候，當經濟前景不明的時候，黃金就是人們最常用來避險的投資工具，因此黃金的本質就是唱衰經濟的產品。

從 2000 年開始，經歷了美國的網路泡沫化、2008 年的金融風暴，到 2020 年的新冠肺炎危機，全球都瀰漫在前景不明、經濟不穩定的情況，但根據過去的經驗顯示，不管有多大的危機，人類還是會一步步克服困難，然後一起慢慢地往上爬，不然，我們也不會還開開心心活著。

簡易地說，克服困難，黃金的價格就會下降，如果你持有的黃金比例過高，那麼就有可能造成損失；當景氣恢復，股票價值反映經濟成長的本質持續往上

攀升時，而你手上還有沉甸甸金條，那你就要擔心了，因為景氣恢復，黃金的價格也會快速下跌，這時候大家都在高興，而你在悲傷。

我常常向朋友強調，如果你要投資一個標的物，一定要弄清楚它的本質。譬如，你投資股票不是賭黑白，是選擇成為這間公司的擁有者之一，你相信這間公司會持續成長，你也因此而獲利。

長期持有大量黃金，那就是代表你不相信這個世界經濟有未來，所以黃金也是一種悲觀指標。當人類發生災難的時候，它才會漲價。但根據哥倫比亞大學的統計，過去兩百年來黃金的漲幅只有 3.12 倍，而股票高達 103 萬倍，這就代表：從實證經驗看來，黃金的確是保守且悲觀的指標。

不過，通常只要黃金漲了，而你又是個喜歡投機的人……那麼請注意銀、銅、鐵！尤其後二者是工業剛需品，漲幅會比黃金確定！

可是阿嬤都說要買黃金才安全

在《理財盲點：有錢人不會做的 13 件理財決定》一書中，曾經做為黃金交易員的作者吉兒‧施萊辛格（Jill Schlesinger）建議，不要把你的錢都放在黃金上。

一直到現在，美國的深夜節目裡面會常常看到，許多資深演員仍然會在深夜為金幣和金條做廣告，他們告訴大家外面的世界很危險，所以不管發生什麼事情，一定要確保自己的資金安全，而黃金就是最適合的避險工具。

許多上一代從大陸飄洋過海而來的長輩，可能會訴說著黃金的好處，他們可能搭著太平輪過來，也可能跟著政府軍隊轉進到台灣，因為身上帶著黃金，而能夠在台灣有安身立命的本錢。

因為這樣的觀念，所以長輩就會認為，黃金是最好的避險工具。但這恰恰印證了，黃金就「只是」一個避難的工具。黃金的價值並不會跟隨經濟成長而成長，而是隨著經濟越差、政治越動盪（這個動盪並不

是你所想的兩黨惡鬥，而是世界大戰！），黃金價格就會增加，所以當你大量持有黃金，就代表你看衰這個世界的趨勢。

有些人會說，黃金可以抗通膨，是最安全的避風港：這是因為過去全世界都是金本位制。也就是說，如果你要發行多少貨幣，就需要有多少黃金。但自從 1933 年羅斯福總統取消金本位制後，貨幣的價值已經跟黃金脫勾了，因此黃金的價值已經不可同日而語。

黃金真的保值嗎？

從過去兩百年的經驗來看，就算經濟變差，黃金並不是一個好的投資標的物。以 2012 年到 2017 年這一段時間為例，人們面臨經濟困境，不但股市市值縮水，而且美國舉債上限增加，但在這個過程中，黃金並沒有隨之水漲船高，反而呈現下跌的狀況。

也就是說，如果你在 2012 至 2017 年，聽信唱衰

市場人士的話，把你一半的組合變成黃金藏在床底下，就算黃金沒被偷走，你會賠得很慘、很慘。如果是黃金期貨就更慘，這就是為什麼巴菲特不買黃金的原因。

有些人會問：巴菲特曾經購買礦業公司股票，其主要業務中就包含黃金開採。

有些人會問：巴菲特都買了黃金開採公司的股票，我們為什麼不能買？首先你要知道，巴菲特買的是公司，而不是黃金本身，購買金礦公司股票可以幫巴菲特賺錢，但黃金放一百年也不會雞生蛋、蛋生雞。為什麼不建議買黃金？除了報酬率相對低之外，更重要的是：黃金沒有辦法支付利息給你，所以沒有複利的效果。

黃金無論如何沒複利效果

如果真的想要買黃金該怎麼辦？想賺一票災難財的，賺到要及時跑。或許，你可以投資黃金的指數型

股票基金，也就是黃金 ETF。

雖然我還是不建議投資黃金相關的產品，就像我剛剛說過的例子，2012 年到 2017 年的黃金市場是走跌的，相關的產品也不會好到哪裡去；台灣黃金 ETF 除了漲幅略少外，手續費還比美國黃金 ETF 高。

《理財盲點》作者在書中提到，她的祖母生長在第一次世界大戰的匈牙利，為了逃離戰亂，祖母的媽媽給了祖母一堆金飾逃命，她的祖母離開了歐洲，輾轉來到澳洲，過程中就是靠著一點一滴變賣金飾而活，最後嫁給了祖父施萊辛格。所以祖母一直相信黃金救了她的命。

這是在動盪不安的時代，黃金可以為人提供保護，但是不代表黃金對你而言是最佳保護。

很多人會迷信一些曾經賺過錢的東西，像是：黃金、石油，還有在台灣曾經超熱門的世界礦業基金……等，但這些過去帶來獲利的產品，不代表未來也是。

我覺得投資最可怕的事情是：投資者不了解自己投資的標的。很多投資人不清楚金融產品到底可不可

以存股？還是它只是投機？

　　舉個例來說，以前台灣某大公司曾經有原油 2 倍的 ETF，也就是正 2 的 ETF，上市沒多久就因為平均淨值跌了 90％以上，達到清算的標準下市。而在下市之前，竟然還有 180 萬張沒有逃掉，真的可謂損失慘重。

　　所以在投資前，我們一定要清楚想投資的金融商品到底有沒有長期投資的價值。

　　不該長期投資的，你要來得及跑，萬一買錯了，別惜售，狠狠跑。

　　總而言之，我是樂觀主義者，我不相信避險財會在這世界得到勝利。但如果你真的那麼喜歡黃金，我還是建議：黃金的資產絕對不要超過總資產的 5% ～ 10％。

吳淡如煉金教室

▶ 黃金的本質就是唱衰市場，所以不要超過總資產的 5%。

▶ 黃金沒有辦法支付利息給你，所以沒有複利的效果。

▶ 投資前，一定要清楚這個金融商品到底有沒有投資的價值。

▶ 如果你真的熱愛黃金，很聽你祖母的話，那就當我什麼也沒說，祝你幸運！

14. 跟著匯率環遊世界

> 新台幣升值，別只是想去外面旅遊東西會更便宜！我們該想到的問題要多很多。
>
> 過度升值會產生骨牌效應……就像是跟我們很近的日本，在 1982 年《廣場協議》後，日圓被美國逼著升值，剛開始還挺高興的享受日圓變貴的快樂，到最後快樂也都變成了哀愁。

我常常被很多人問到：台幣升值到底好不好呢？台幣升值是代表錢變大？還是變小呢？其實很多人都還搞不清楚。

不久前，我看到一本雜誌寫著：我們新台幣真的

是地表最強的貨幣！這句話，說得這麼興高采烈，真的讓我不知道該說什麼？！身為台灣人，我也很想閉著眼睛祈禱他說的永遠是對的。

因為疫情的關係，美元相對疲弱，所以新台幣比較強勢，但也不是地表最強的貨幣。

事實上，全世界很多貨幣都有升值，你沒有看到，不代表其他貨幣沒有升值。

貨幣升值到底有利進口還是出口？

以 2019 年的 11 月到 2020 年同月為例，原本新台幣 30.5 元可以換 1 塊美金，到新台幣 28 元就可以換 1 塊美金（後來還升破 28 元），代表這一年來台幣對美金已經升值 6% 以上左右。

升值 6% 是一個什麼樣的概念呢？假設在美國買一個玩具要 10 塊美金，如果在 2019 年 11 月，需要花 305 元新台幣才能買得到，但到了 2020 年 11 月時，只要花 280 元新台幣就能購買，足足便宜 25 元。

實際上，你什麼都沒做，或許也沒什麼感覺，但相對於「美國人」而言，你手上的錢好像就增加了一樣。

這對於進口美國商品或是到當地旅遊來說，看起來是一件好事。因為我們可以用更少的錢買到同樣的商品，這樣聽起來真的很不錯。

但，這真的是一件讓人開心的事情嗎？

雖然用新台幣買美國物品的能力變強了，但問題是：我們用新台幣到底買了多少美國的東西呢？

其實並不多，反過來，我們賣給美國的東西更多。（而且這幾年來美國政府大量印鈔，最荒謬的貿易邏輯是，你用辛苦做成的東西，如芯片，去換美國政府印一張其實只花六美分的百元美鈔。）

事實上，台灣主要為出口，台幣也非國際市場通用貨幣，在交易上都是使用美金計價，而新台幣的升值，就會讓以出口為主的公司出現問題。

以鴻海為例，鴻海做的是代工，毛利率大概在 3％到 4％，如果因為新台幣一下子升值 6％ 時會怎樣呢？

原本一張 100 萬美金的訂單，在 2019 年 11 月的

時候，可以兌換成 3050 萬新台幣，但如果是在 2020年 11 月的時候，那就只能兌換成 2850 萬新台幣，一來一往就少了將近 200 萬新台幣。

辛辛苦苦了那麼久，目的是來賠錢嗎？原以為賺錢，錢卻像肉包子一樣，給匯率的狗吃了！

如果毛利率以 3％來計算，100 萬美金只能賺 3萬美金，相當於毛利只有 90 萬左右，然而這些匯兌損失卻高到將近 200 萬。

這麼一來，公司賺的錢不只變少，甚至會因此而虧損。

台幣升值時，該怎樣進行投資？

既然貨幣的升、貶值影響這麼大，那麼，我們可以怎麼樣跟著幣值投資呢？

首先，我們需要有一個重要的觀念：貨幣升值或貶值沒有必然的好與不好，但貨幣的升值與貶值，一定會對不同產業產生不同的影響。所以，在進行投資

前，要先想一下：如果台幣升值的話，哪些股票可能受惠？如果台幣貶值的話，又有哪些股票受惠？

這時候我們要從公司的運營本身，或者是公司的營業項目是否跟匯率有關。舉例來說，台幣升值時，進口成本就會大幅降低，這時候食品、紡織，或者是大宗物資如：玉米、小米、黃豆、咖啡等屬於進口產業的公司，可能會因為交易貨幣沒有升值，就會讓進口的成本下降，利潤空間增加。

相反地，如果是外銷出口業、投資業等，會因為匯率的影響，造成匯兌損失，影響公司的營運狀況，導致最後的獲利下降，這時候股價也有可能受到影響。像是：電子業、航空運輸業、壽險業等，都會因為台幣升值而影響獲利空間。

你或許會問：這樣會很嚴重嗎？白話直接說：貨幣劇烈升值對國家、對產業影響很嚴重！

台灣人最愛去的日本，就是一個曾經受到貨幣劇烈升值，最後導致經濟受到嚴重的傷害，影響甚大且遠的國家。

你應該記得幾年前日幣一貶，觀光客蜂擁而至，什麼都可以掃光的盛況！

我們來回顧日本泡沫經濟的慘劇吧！

日幣升值、泡沫經濟以及人口紅利死亡交叉點之後對日本房價的影響

這個故事可從美國 80 年代時說起。當年，日本商品受到美國消費者的青睞，不只商品輕薄短小，而且功能性也比美國製造的商品來得好，所以消費者一窩蜂地購買日本商品，導致美國的製造業被日本製造業打得趴地，美國對日本的貿易赤字大幅增加。

為了解決這個問題，在 1985 年時，美國、日本、英國、法國及西德 5 個工業已開發國家簽下《廣場協議》，目的在聯合干預外匯市場，讓日圓大幅升值，以解決美國巨額貿易赤字。

自從《廣場協議》簽訂之後，日圓對美金的匯率上升超過「兩倍」，也就是本來很可能 1 塊美金可以

換到 140 塊的日圓，到後來 1 塊美金只能換 70 塊日圓（圖 3-3），相對美國人而言，日本的商品就變得很貴，導致日本商品在美國市場上的價格大幅飆升，也讓日本出口工業的競爭力大幅下降。

你覺得日圓變成地表最強貨幣，日本人應該志得意滿嗎？

說到這邊，或許很多人還是沒感覺，但其實在簽署《廣場協議》之前，當時日本產業之發達、國家經

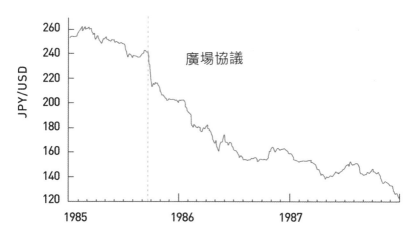

圖 3-3 廣場協議後，美元對日圓匯率貶值幅度大到超過「兩倍」。

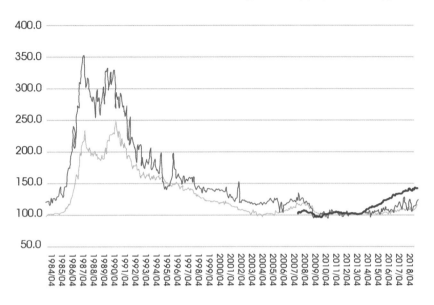

圖 3-4　從 1991 年起，日本房價開始往下跌。

濟堪稱是「富可敵世界」，只有美國在他前面當老大。但是在簽署《廣場協議》之後，漸漸的，年復一年地，原本在日本當地生產的製造業，為了降低貿易成本，選擇在美國設廠，並且在美國大肆併購公司，他們的確先享受過日圓變大，什麼都好買的甜頭，但從長期來看，產業外移了，經濟蕭條了，後來發現在

國外亂買的東西都買在最高檔！

漸漸的，日本的房價，也開始往下跌（圖3-4），加上人口紅利死亡交叉點，三重因素造成日本經濟從此一蹶不振。（第4篇有更詳細說明）

匯率的升值是把雙面刃，雖然可以讓國家獲得某些利益，也會傷害國家的產業。

日本的前車之鑑猶在，台灣當然不可不慎！（不過，我們緊張也沒用，央行總裁比我們更緊張。）

美金直貶，要急著贖回嗎？

台幣升值，就代表美金貶值。有些人就會問：「我，有需要贖回美金資產嗎？」

在回答這個問題之前，我先跟讀者溝通一個觀念：不管美國現在狀況如何，美金還是國際上流通最廣的貨幣。雖然市場上永遠有看空美元的消息，但是長期來看，美金還是最重要的貨幣。你看央行有因為美金貶值而放棄美金貨幣嗎？鴻海有放棄嗎？

不可能！

至於問什麼時候應該要贖回的人，我只能說：連美國聯準會主席都不知道美元兌台幣會跌到什麼樣的地步，我怎麼可能知道？

接著，我會反問：手上到底持有多少美金資產？如果持有的金額不多，光是轉換的手續費就多少了？萬一日後美金升值的話，你又換回去，這樣不就是雙重損失了嗎？

其實你若有 10 萬美金，美金每跌 1％，才 3 萬元台幣，既然你都放到現在了，而你手上反正也不多，有急著要給銀行賺差價嗎？

我必須提醒一下讀者，雖然美金在新冠疫情這陣子還是相對弱勢，美國政府也閉著眼睛「生產」大量美金，但是拉長時間來看，你真的覺得台幣比美金安全嗎？

我可以開玩笑說：我們手上大部分的資產都是台幣吧！從外星人的角度，和美國人的角度，因為美金貶值，我們變富有了喔！

我覺得有時候我們真是「不識廬山真面目，只緣身在此山中」，台灣才是一個淺碟型的市場，台幣無論如何都是要看美金的臉色、看美國政府的臉色。美國人也不是好惹的。他們動不動控訴小國家「操縱匯率」，就要給予制裁報復，請問他們真能治「操縱」匯率（不管直接或間接）？你說呢？

按比例原則：外星人會認為美金跌了，你變有錢了！

反向思考：危機入市？

話說回來，為什麼美國要印這麼多錢，讓自己的貨幣貶值呢？

還記得 2008 年的金融風暴嗎？這是因為美國房貸公司所引起的問題，最後造成全球經濟重傷，但更早的原因是 2000 年網路泡沫危機。

網路泡沫危機之後，美國聯準會為了因應這些問題，於是宣布將利率大幅調低，這時候市場上的錢不

會存入銀行，而是在市場上流竄，營造出經濟繁榮的現象，同時因為熱錢太多，所以購買房地產的時候不需要支付頭期款，於是很多美國人都熱衷於購買房地產，電影《大賣空》中的脫衣舞孃就說：連她都有三間房子。呵呵！這就是等同於「擦鞋童」理論的危機了。

但是，不用付頭期款不代表不用支付貸款，當民眾繳不出貸款的時候，就會出現壞帳，於是華爾街有些聰明的銀行家，將這些壞帳打包成「美味可口」的金融商品出售，等到所有問題一起爆發的時候，就產生了金融危機，而當百年雷曼兄弟應聲倒下，骨牌效應來了，美國經濟陷入困境。

於是這幾年，美國聯準會想到另外一個方式來救經濟：印鈔票！（反正你們都想要美元不是嗎？）於是在大量印鈔票之後，大量的美金在全世界流通，創造了這幾年來的榮景，也造成了美金的貶值。

回到個人持有美金該不該急兌的問題，如果你持有的美金占總資產不到 10％的話，我的答案是：不

要在意，因為你有 90％的資產是台幣。雖然美金跌了，但有 90% 的台幣在漲，所以不需要太擔心。

相反地，如果你現在手上沒有持有美金資產的人，我建議你可以利用美金跌的時候一點一點地買進，就像買定期定額基金一樣。未來，如果你的孩子要去美國讀書（或到美國旅遊，真的不用花很多錢，不用太早存），需要用到美金時，你會感謝自己這段時間有用定期定額的方法存出某種財富，而不是跟著大家一江春水向東流！

吳淡如煉金教室

▶ 貨幣的升值與貶值，必然會對不同產業產生不同的影響。

▶ 不管美國現在狀況如何，美金還是國際上流通最廣的貨幣。

▶ 如果手上沒有持有美金資產，你反而應該低點定期定額買進。

第 4 篇

房產
買房前該懂的幾件事

15. 什麼時候是買房時機？

" 從 80/20 理論來看，80％都是跟風的老鼠。

房地產「好像在漲」就應該買嗎？

重點不是人云亦云，你該了解的是為什麼要買房？ "

　　台灣的生育率已經連續幾年位於全球倒數，很多人想不透：明明新生兒越來越少，將來用不到這麼多房子，為何房價反而不跌反漲，買房的人變多了？

　　如果，你也有這樣的疑問，先來做一個選擇題，選出你認為哪一個答案比較接近經濟學上的推理：

1. 因為台灣的經濟好。

2. 台灣抗疫成功，所以房地產漲了！

3. 現在利率太低，房地產才漲。

4. 台商回流買房，房地產上漲。

答案是 3。

先說，我沒有意識形態，單純以經濟學來分析。

過去，我在兩岸念了兩個商學院，分別是台大商學院跟上海中歐商學院。我念商學院，並不是去交朋友、開發業務，我的最初理想，就是想要學會一套商業思考邏輯，不要再人云亦云。

說真的，有多少理財名嘴，啥都敢講，講了幾十年，除了請他們幫忙吹捧的公司給他好處之外，自己根本沒真的從股市賺到錢。

我，是學一個體系，學習分析理路來了解事物背後的成因和真相，而不是我猜、我猜、我猜猜猜。

在本書中，我所提到的，都有推理與邏輯，是從經濟學的角度來了解事情。

先來說說為什麼不是台商回流。

雖然因為疫情之故，許多台商都回來了，但現在國際經濟是同一個匯兌系統，台商回流，並沒有「順便」、「立刻」把大陸或越南的工廠都收起來，只是人回到台灣出不去。

台商回到台灣，就要在這裡買房地產或投資房地產嗎？

當然有可能，但請問疫情會永遠存在嗎？這些台商以前在台灣連住的地方都沒有嗎？

商人只有一個特點：錢要用在最會賺錢的地方。

已經到國外找便宜人力，建立供應鏈的台商，要因疫情就搬回勞工價格比較高昂的地方，實在不是合理的推斷。

房地產的升值，要觀察多方面的因素。

 疫情對於全球房價的影響

記得在新冠肺炎疫情增溫之初時，有人預測會跟

2003 年 SARS 一樣，房價大跌，打算摩拳擦掌趁機進場。

當年 SARS 時，的確到處有拋售房子的現象。我當時明白，疫情遲早會被控制，買過一間位於忠孝東路三段附近的老公寓，每坪竟然二十萬不到，後來因工作室遷移賣掉，的確漲很多！可是這次大家等到的結果卻不一定一樣。

歷史經驗未必會重覆發生。

不但等不到大跌，房子漲、買房的人反而變多了。

為什麼？

難道是因為台積電在台南設廠，就帶動全台大漲？難道回來的台商多到讓房價大漲？

你不要只會「看見台灣」啊！

真相是，不只台灣漲，許多國家的大都市全都漲！經濟狀況完全不同！

德國的房地價在 2021 年 3 月已經來到最高，美國除了鄉村地區外，大都市都漲；疫情曾經相當嚴重的英國在 2020 年 8 月多的時候，房價更是漲過一翻

又一翻！

過去，英國的房價大漲，是因為大陸人士投資；現在則是因為英國取消印花稅，造成房地產大漲。（英國的豪宅曾經收到 15% 到 25% 的印花稅，且不論是本地人或外地人都收，假設一千萬台幣的房子，就要繳 150 萬到 250 萬給國家。）

當英國取消印花稅之後，交易成本降低，大家就瘋狂地買！而且一窩蜂買的未必是英國人，而是原本在英國，因為英國疫情緊繃移居回大陸的大陸投資人，還有別國的富豪買家！

想不到吧！

疫情竟然把英國的房子推到最高價！

相較來看，台灣算是漲一點點。至於台北？嚴格說起來，現今的房價與台北市過去最高期間相比，說不上大漲！漲的原因並不是經濟好，也不只是利率低，還有美國印鈔票，大家怕通膨。就算這期間，還有超猛的房地合一稅新政策，房子竟然也沒怎麼跌！

就業人口增加帶動發展

接下來，就讓我從經濟學的角度來告訴讀者朋友們，一般來說，房地產會漲的幾個原因。

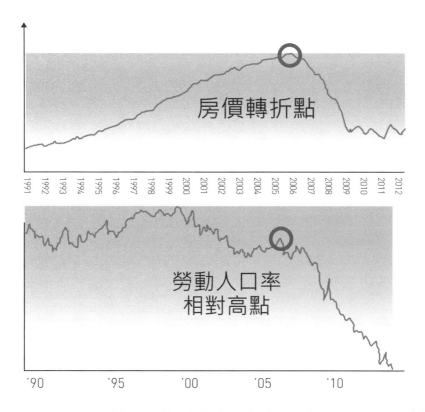

圖 4-1　美國勞動人口比例 vs 房價

第一個原因是「當地」就業人口增加，人們找得到工作、賺得到錢。這個現象，從近期「台南的豪宅」銷售量上升可以看出端倪。

　　台南的豪宅為什麼買氣變旺？因為有南科、有工業園區，有台積電！就有就業人口。這些高科技人口都是高收入群，如果是從北部南下，會發現當時台南的豪宅價格每坪 20 至 30 萬，對台北人而言實在不貴，為了追求好的住家品質，他們也願意買大一點、豪華一點兒的房子。

　　就業人口會帶動某個地區的發展，這也就是為什麼台南跟高雄就在隔壁，而台南熱、高雄溫？

　　經濟學告訴我們，炒歸炒，在任何地點，就業人口是房地產漲價的關鍵。反例如：底特律因為美國汽車工業衰落的蕭條；九份因為金砂風光不再，就業人群鳥獸散，這都是無法挽回的事實。

　　圖 4-1 是美國的例子，我們可以看到，美國的房價的轉折點，剛好也是勞動人口率相對高點。

　　有句話說得好：「可以找到好工作及賺錢的地

方，房子就會賺！」

你認為呢？

從財務金融學來看，低利率時代不借錢是傻瓜

房子，是抗通膨產品。手上有閒錢的人，在擔心通膨時，就會把錢投向房地產，這是以保守的保本心態為出發點的理性選擇。

說穿了，一切問題出在利率低和怕通膨上。

目前，台灣的利率為 1.30％左右，非常低。簡單來算，此時如貸款購入 1,000 萬元的房子，如果每月可收到 2 萬元的租金，那麼一年就有 24 萬的租金收入（不計其他開支），卻只需要給銀行 13 萬 1,000元的利息（假設小額貸款），倒賺近 11 萬元。

你發現箇中的祕密了嗎？

答案就是利率低、抗通膨。本來大家瞧不起這麼低的租金回報率（以台北來說有 2％不錯了），現在為

了怕錢貶值，買吧！這是投資客心態（不是投機客）。

利率只要變低，借錢方便、借錢的成本也變低。而且台灣中產階級大部分都有自己的房子，也可能會想要拿原來的房子借錢出來運用，所以造成市場上流動的錢變多。

「借錢投資」、「貸款投資」在過去是我們上一代聽了會嚇到吃手手的想法，那是因為此一時彼一時也。過去的利率曾經高到 8％甚至 10％以上，1,000萬的房貸，每年要繳 100 萬的利息，壓力非常大，有錢時當然就要趕緊拿去還貸款。

現在的利率如此低，只要你抗壓性還 OK，別在心裡老記著自己有 1,000 萬的負債，你會發現，借錢等於賺錢。

為什麼？因為利息 1.30% 低於通膨指數（官方發表的指數約 2%，其實可能更高）。看起來你要付利息，但你賺錢實質超過你付的利息。

當然，借錢出來，一定要有比利息高的投資。

例如，放在 0050、0056 等平均起來，一般有 2.8

到 5% 的 ETF 上，這就叫用錢滾錢！

不要小看通貨膨脹

除了利率低之外，還有一個貨幣問題叫做通貨膨脹（簡稱通膨）。

因為利率不同，我的理財方式跟上一代不一樣。我在買房時，盡量只先還利息，逼不得已才還本金，因為通貨膨脹會讓錢變薄。

簡單解釋：如果你三十年前欠銀行 100 萬，那是大錢，當時，內湖房子還不到百萬。如果銀行讓你欠到三十年後的今天，不必還本金，那麼，這 100 萬只能在內湖買一「坪」新房。

通膨到底怎麼算？我通常不會看行政院主計處的官方數字，因為官方數字的通膨，會將麥當勞漢堡價格、捷運費，還有一堆林林總總的生活所需等計入，不是真正的民生物價漲幅。

官方統計的通膨一定不高。我最近看到官方的購

買力數據，說台灣四十年來貨幣購買力縮水了 46%。

哇！怎麼可能！（加上高鐵，國家的郵費等都有受到控制，有時政府也有補貼。）

那麼，真正的漲幅，要怎麼看呢？

可以，就從你家巷口的蚵仔麵線價格來看。

十年前，一碗蚵仔麵線大約 30 元，現在則是 60 元左右，漲了一倍。就算蚵仔麵線不足為證好了，很多東西都漲了 50%。假如一年算漲 5%，現在的 1,000 萬，在十年前可以買到 2,000 萬的東西，但現在……。

也就是說，現在覺得 3,000 萬可以退休，但如果通膨沒有控制得當，過了十年或退休時要多少才夠，就很難說了。

實質的通膨侵蝕了金錢的購買力。

今年的 1,000 萬，第 2 年就剩下 900 萬，第 3 年剩下 800 萬。你的錢看起來數目仍為 1,000 萬，卻被看不見的隱形通膨老鼠咬了布袋。

那麼，台灣歷史上曾經出現過通貨膨脹嗎？

當然有。

那是我爸爸初中一年級發生的事情。

當年台灣被當成戰略物資提供地，央行也不斷地印鈔票，造成 4 萬元台幣只能換 1 塊錢，也因此有了新台幣！

記得我很節儉的祖父過世的時候，我們還在他的抽屜中找到日據時代、民國初年、沒有用的鈔票。

民國初年，萬元很了不起，說不定可以買一千坪的田地，但是，守財的阿公把錢放在他的衣櫃裡，後來全部拿到古幣店，也並不值錢。除此之外，爸爸也

圖 4-2　台灣銀行發行的台幣 100 萬元本票。

圖 4-3 4 萬換 1 塊

找到了民國三十八年開的本票，及當年台灣進行幣制改革、發行新台幣時 4 萬元瞬間變 1 元的「證據」（見圖 4-2、4-3）。

到底有什麼才能夠保值、逃過時光摧殘呢？

在過去的台灣，答案正是房地產。

所以，你知道了嗎？

為什麼現在大家要買房子？

就是為了要抗通膨。

房市這麼熱，是進場時機嗎？

看到這裡，你一定想知道：最近房市這麼熱，現在是進場的時機嗎？請先自問：

1. 我為什麼要買房？是自住還是投資？
2. 我有錢買？
3. 我長期還得起貸款利息嗎？

我鼓勵年輕人先有一間自住的房子，如果可以，最好是一間十年內你還願意住的房子，一方面心安，不會被房東趕，而且房子進可攻、退可守。

至於自備款來源，如果你有富爸爸，那麼恭喜；如果只能靠自己，請考慮房子可以貸到多少？利息是不是付得起？有沒有辦法說服銀行只讓你還利息，以免連本金一起負擔很沉重！我已經看到很多人不還本金，到第六年一定要還本金時，換家銀行貸款，就是在等欠的錢變薄。

同時，一定要清楚：自住的房子跟投資屋的考慮

不同，如果現在想買投資屋，就要看自己有多少的收入，如果月收入只有 5 萬，先別想著買投資屋，你扛不起！如果放著 5,000 萬閒錢，那麼你當然可以思考如何買投資屋。

投資理財的首要條件是要看自己現在擁有多少現金！還有：如果你連一隻牛都沒有，就不可能開牧場！

現在買房，就是怕錢變薄了

無論如何，低利率時代買房子，未必是想賺差價，而是抗通膨。

至於大家擔心的貸款利率會不會突然拉高很多？

我認為，現在的時代跟以前已經不同，當一個國家人口紅利已經進入死亡交叉點時，利率通常不會漲！

看看鄰近的日本，在 1996 年時的利率最高，然後一路下滑。再看看美國，它的死亡交叉點在 2005 年；當然，美國是一個移民進入的國家，不過美國的

利率也是從人口紅利死亡交叉點附近就一路往下掉！

除了人口紅利因素外，另一個利率不會漲的原因在於美國政府欠債太多，如果利息漲起來，不但經濟會受到影響，政府也可能會破產。因此，美國政府近年直印鈔解決債務問題。

美國政府欠債最保守估計已超過 GDP110%（包括地方政府債很可能高達 140％），也就是一個人欠的錢超過他的收入：你覺得他會希望利率漲，要還的錢變多嗎？

美國政府債務餘額占名義GDP的比重

(注)1940~2019年的數據來自白宮。其他年分來自IMF，2020年為預期

圖 4-4 美國政府的債務超過第 2 次世界大戰時期

年輕人要學會使用現代的理財方法

我常覺得現在的年輕人在「時代命運」上有點兒不幸，出社會時房價痛苦指數已高，而且還越來越高！而幾十年來實質薪水沒漲，薪水購買力越來越少！

如果沒兩把刷子，就業也越來越困難。加上「世界工廠」概念下，台灣的勞資成本太高，他國不可能在台灣僱用大量勞工。且 AI 時代來臨，將來企業要的不是兵，而是會統帥有謀略的人，因為以後企業主管率領的兵，搞不好大多是「機器人」！

那麼，未身逢台灣錢淹腳目年代的年輕人們，要怎麼辦呢？你一定常常看到 60 到 80 歲的爺爺奶奶，現金很少，頂多幾百萬用來節儉花用，卻擁有很值錢的房子，而且很多貸款都已經還完了。只是，這些爺爺奶奶生在高利率時代，最怕的就是欠，不知道如何運用房地產，也不知道哪裡可以賺錢，他們不相信現代理財方法，不知道現在最大的理財利益就是利率

低，他們無法用現代的理財方式好好理財。

雖然身在錢很難賺的時代，但也有幸運的事：請好好地運用這個利率低的時代。

怎麼用？

首先，你要有信用！

你有沒有辦法從銀行借得出錢來？

先把你的信用做好，那麼你就可以從銀行借出錢來。（我認為利率真的不會再漲回爺爺奶奶時代，請放心！）沒有任何文明國家和出口國想打死自己經濟。

借錢等於賺錢的年代已經來臨了！假設你借了1,000萬本金，因為通膨，明年你的1,000萬很可能只等於現在的950萬，就算都不含本金，也會像等減級數，慢慢地減少，而且每一次減的幅度都會再少一點。

如果你的錢夠買自住房，請記得兩個千萬。

你的第一間房，「千萬」不要好高騖遠買一間「貴桑桑」壓死自己的房子，請先買一間負擔得起的，如此進可攻、退可守，至少你不是花錢在買耗材，而是在買資產。（雖然有人說，房子也算是耗材，我認為

自住還是一種資產，因為它可以借錢出來。）

第二個「千萬」是：不要買可能賣不出去的房子！

漲不了價沒關係，好歹省房租呀！重要的是你要樂於住在那裡。在買房之前先看看該區域的成交率，有的房子在深山林內，交通不便，貼三年「售」也賣不出去，拜託你，再浪漫都別買！

如果付不起新房，我會建議先買一個別離工作地點太遠的蛋白區中古屋（二房比套房好賣出），先讓自己的心安頓。

通常，人有了房子才存得到錢，你先有個家，再用你的家當成理財工具，貸款不要急著還，只要你能夠創造比房貸更高的收益（比如 0056 在 2021 年中還有年息 4.5％以上），我建議你不要還。

請以適合現代的理財觀念思考：先在能力範圍內購買自住屋，買了之後把錢盡量借出來，做一個高過你的房地產利率及高過通膨利率的投資。

至於要多少的報酬率才夠？才叫真正有賺到錢？

先別說太高，主計處算出來是 2.3％，再加上貸款利率是 1.4％：1.4 ＋ 2.3 ＝ 4。

答案是，請超過 4％。

當然，這是理想，能長期平均高過此收益的不多。ETF 0056 算是其中之一，難怪施昇輝要一直推薦了。

吳 淡 如 煉 金 教 室

▶ 地域性因素，如就業人口增加的城市，是房價上漲的因素之一。

▶ 低利率時代，要懂得借錢的藝術。

▶ 買房除了可以保值，還能抗通膨。

▶ 不要永遠站在利益的角度看自住房，第一間房請找一間負擔得起、地點不要太差的中古屋自住。

▶ 投資理財的首要條件是要看自己現在擁有多少現金。記得如果你連一隻牛都沒有，就不可能開牧場！

16. 買自住房看樣品屋，請保持理性

> 買預售屋的人都充滿期望，而且一進到樣品屋都陶醉了！
>
> 到底怎麼樣買預售屋才是理性的？如何破解樣品屋的迷思？這些都是要注意的大小事，就連我都是從經驗中學習得來的啊！

一位朋友提到，女兒和女婿結婚四年，小倆口存了些錢，加上雙方家長資助，動了買屋的念頭。

「年輕人不喜歡中古屋，要不就是看新成屋，要嘛就看預售屋，如果扣掉公設，坪數好小，超貴！不

值得！」朋友說。

偏偏女兒喜歡，覺得預售屋的樣品屋看起來一點都不小，還有夾層好好玩：「設計師都很會運用空間。」

沒錯，樣品屋往往很吸引人，因此，我們更要學習如何看懂預售屋。

很多女生常常會做公主夢，或者是剛結婚要買房子，一看到樣品屋很漂亮就「哇～哇～～」地叫起來。等到房子交屋，真正住進去後，卻產生相對的落差，令人相當沮喪！

看過至少一千間以上預售屋的地產祕密客敏婷說，美美的樣品屋裝潢，其實很容易勾起自住客成家的欲望，等到實際交屋後才發現：空間怎麼縮水了？格局怎麼不是當初想像的？

看預售屋的第一要務是，先了解基地實際的位置。

很多時候，接待中心不一定會在基地上，而是選在比較有人的地段，曾經遇過滿多案子，樣品屋在大

街上，實際的基地位置是在深深的巷弄內，甚至還會看到一些「嫌惡設施」。

自我催眠粉紅泡泡吹啊吹

所謂的嫌惡設施包括鐵道、墳墓，或者大蜈蚣般高壓電、電線桿等。我就曾經有過這個悲傷的經驗，千錯萬錯其實是自己不察。

我從 24 歲開始工作之後，認為買房子一定會賺錢，在 26 至 27 歲時，就把賺到的 240 萬，拿來付頭期款，在台北買了一間預售屋。

把錢由宜蘭轉到台北，是對的方向。宜蘭畢竟是人口流出處，我本身就是長年外流人口啊！

偏偏方向正確，但是選屋錯誤。

手上只有 200 多萬的我，只夠在台北買小房子。

於是我買了一間位在大湖山莊街的小套房。（建設公司請到非常知名的建築師。）

當時利率不低，而且我有個錯誤概念，就是錢要

全部到位才能買房，我怕負債壓力會很大。（現在回想起來，那時候的利率也不過 4%）

為什麼會選在這個地區？因為它有很漂亮的樣品屋！自我催眠是很厲害的魔術！建築大師為你設計小套房，多麼地吸引人。當時一坪的價格真的不便宜，在二十五年前就已經將近 30 萬元左右，但因面積小，算起來價格不高，吸引很多人購買！

在樣品屋的旁邊，有一個很大的簾幕，那是建築物的大看板，非常有氣勢。

後來，我才知道看板的後面就是公墓。但是我並沒有及時打退堂鼓。

我的第一間房在墓仔埔隔壁

銷售小姐開出的價格一坪是 282,000 元，二十多歲的我自以為聰明，回問：「你算我一坪 28 萬好不好？」

她假裝遲疑：「那妳繳 2,000 元的訂金，我跟我們公司說說看！」

付訂金後，我走到看板的後面，這才發現有公墓。

「這是墓仔埔嗎？」我問銷售小姐。

「那個會遷走！不久會遷走！」

後來真的遷走了，只不過是過了十八年之後。

當年沒有捷運，房子離工作地點太遠，我只好在工作地點另外租屋。

交屋後，我把房子出租給房客，當時，房子總價300多萬，租金一個月1萬出頭，算起來還不錯。偏偏我因為太忙沒空管理，有一天房客不但跑掉，還把我的家具也全部帶走，半年的管理費沒繳，我甚至連他沒付房租也不知道，完全一整個「懵」！

之後大湖山莊街有次遇到水災，同棟樓的地下一樓竟然淹死人，使得這整棟的下面樓層被算為凶宅，我的房子雖在五樓，也被連累了。

當時墳墓還沒搬走，我因為已經決定要買現在所住的房子，於是把小套房賣了，一坪28萬買，15至16萬就賣掉，也就是300多萬買入手，只賣了180萬。

你有沒有看過在台北市買了超有潛力的內湖地

區，卻還賠錢賠這麼多的？

至於後來的買家有賺錢嗎？當然有，因為公墓遷走，而大家也遺忘了水災事件，他，有眼光。

打破樣品屋大又美的迷思

地產祕密客說，樣品屋真的是充滿了玄機，尤其當進入樣品屋的空間後，都會覺得比實際坪數大，其實很多都是靠裝飾。樣品屋裡的牆壁比較薄，使用玻璃、木板隔間，再加上運用鏡子的反射法，便會讓人覺得它的空間好像很大，十八坪做個兩房，空間真的好好用！

真相是，實際用起來很難用！因為一般磚牆其實是 12 到 15 公分，但是樣品屋的玻璃牆只有 0.3 公分，製造了整個空間非常寬敞的感覺。

「我曾經看過一間樣品屋，真的是啼笑皆非，太誇張了！」權狀十八坪打造兩房，高坪效的空間真的讓人覺得蠻厲害的，「不料有個小房間，我一躺下

去，腳沒有辦法伸長只能彎曲著。」身高 171 公分的敏婷回憶著。

她接著又說：「櫃子的深度也不夠，衣服在裡面平放著，問題是誰會把衣服放平的？」

所以在看樣品屋的時候還要注意櫃子深度，衣櫃至少要有 60 公分，一般的櫃子深度要 40 公分才夠用。

建商品牌也很重要，Google 就會發現，有的建商蓋什麼都漏水！客訴一堆也不管。

另外建商還喜歡玩廣告話術，有些建案喜歡取一些台北 ××、敦南 ××、信義 ××……等很厲害的名字，但是很抱歉，這些建案都不是在市中心，可能在深坑或基隆，案名就暗藏了滿多玄機。

快清醒！跟美麗的建案話術說不

一些建案會說低自備款，甚至祭出「工程零付款」等說法吸引買家，聽起來非常吸引人。實際上，一般預售屋是簽訂開是 10％～ 15％，接著是開工之

後繳工程款，通常會分為十二期或近三十期（約三年），有的建商希望讓你的資金比較充裕，之前幾期工程零付款，先不用付錢。但也不是不用付，只是延後到後面才支付。

有些自住客，在不清楚付款方式時就先簽約，到了後面，有的人資金調度出現問題，根本拿不出來錢，只能毀約，白白損失總價 15％違約金。

另外就是建材問題。

樣品屋會看到很多漂亮的建材、衛浴或是廚具，這時就要特別留意，這些是選擇性配備還是標準配備？並不是放在樣品屋裡的你都會有。

若有疑惑，請特別提出來問銷售人員，並且在合約上載明清楚。

說了這麼多要注意的事，最重要的還是一進到預售屋，就要先告訴自己：這是假的，我家不會長這樣！那個富麗堂皇不屬於我。

裝潢真的可以裝飾很多的假象，所以要特別留意。

至於實品屋呢？

樣品屋是接待中心蓋個樣子，實品屋其實就比較清楚，因為結構已經完成，是真的在建案裡面的實屋。

　　無論如何，就算買的是預售屋，也要有買中古屋的心情，看圖、看結構、查一下建商信用度，看真正享有的空間到底有多少？

　　最後，關於建商喜歡談論的未來，如「未來會有捷運、大型商業中心」，中古屋仲介喜歡談「未來會都更」你有多少命可以忍到那未來。

　　這個「未來」多久會來？還是根本不會來？

　　也請多方求證及思考。

吳淡如煉金教室

▶ 購屋首要看建商品牌和地點。

▶ 看預售屋最重要的是，先了解基地實際的位置。

▶ 看樣品屋時，不要被美麗迷惑，需實際確認空間的大小。

▶ 注意樣品屋的建材，是選配還標配？

▶ 未來有捷運、有購物中心？這是話術之一，要多方求證不可存信。

17. 想投資第二間房子？買雞買豬就是別買馬！

> 吳淡如的買房動物經濟學：如果把人生的第二間房看成動物，你只能買生蛋的雞，會長肥的豬，千萬不要買會拿來炫耀的馬，不然你會只有買牠那一天跟賣牠那一天是心情愉快的！
>
> 對了，這裡談的是「投資房」的原則，而不是自住房。又：淡如一直住在破破的老公寓裡，一點也不奢華，因為喜歡！

　　對於華人而言，有一間自己住的房子，心中才會安穩。

至於，要不要投資第二間房呢？

如果你有自住房的話，才能考慮投資房，萬一出現資金調度的困難，第一間房子可以再拿出來多貸一點款。

所以如果你要進入房子投資的領域，顯然你手上要有比較多的現金。

也許有人會質疑，我有什麼資格講房子？傳說，呵呵，我曾經在某幾個國家買了些房子，當過建商的股東，我的確很喜歡房地產，我當過建商，而我手上也曾買賣過一些房子。

這些買賣房子的經驗中，有賺當然也有賠！人入行都要付學費，我得到的經驗是，買房子，一定不是你的好朋友叫你買你就買！也不是以後養老要住，那裡很漂亮就買！

上述種種感性的原因，請都先去除掉。

然後思考：這間投資房到底是豬，還是雞？

這也是我第二間房的買房動物經濟學：先評估它到底是豬，還是雞？千萬不要買到馬！

雞：會生蛋的房子

買第二間「投資」房時，要看房子是豬還是雞的原則，是我自己的買房動物經濟學。

在此簡述一下；雞指的是會生蛋的。

例如日本的房地產，它很顯然就是一隻雞，它會生蛋！

2009 年，我到日本東京精華區考察房地產的時候，它的中古屋和店面平均報酬率有到 9% 到 10%，很驚人！

當時如果貸得到日幣（日幣的貸款，在國外銀行貸款利率大概只有 1%，而在日本本地貸，大概有 2% 多，以前不難貸，現在你要買幾億以上，銀行才願意貸），也就是，如果拿 2% 多的貸款利率，換 9% 到 10% 的租金報酬的話，那是很划算的。加上日本的房地產曲線是從 1996 年跌到 2010 年止跌，可以看到，安倍經濟學已經讓它止跌。（當然，這只是從現在的時間點來看。）

也許，你會說日本人口老化才會這麼慘！那麼不好意思，台灣人口也很老化，而且現在平均出生率，甚至比日本人還低！

日本人口紅利的死亡交叉點是 20 年前，簡單的說，是指死亡人口／年已經比出生人口／年多。

當我們來到人口紅利死亡交叉點時，我們會不會

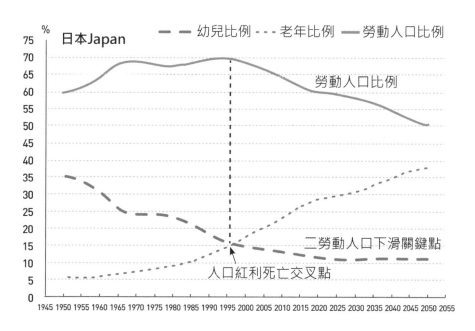

圖 4-5　日本人口紅利的死亡交叉點

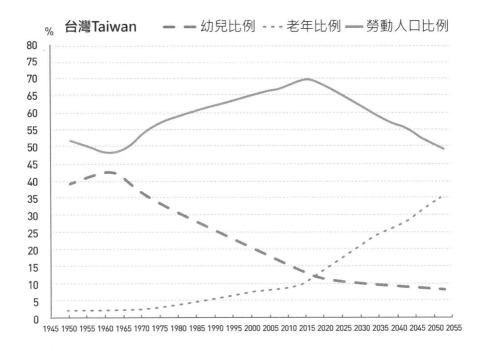

圖 4-6 台灣人口紅利的死亡交叉點

像日本一樣，跌到精華區只剩下原來的 1/3，郊區甚至 1/6 或 1/10 不到？

以日本來說，如果你是買別墅，或買在很遙遠的輕井澤、那須高原、北海道，很可能跌到想賣都沒有人要，而房屋的維持費用又很高！

至於台灣，雖然有可能因為人口老化，房價會跌，但不太可能像東京跌那麼多，主要是東京當時碰到貨幣升值一倍的狀況。而且房子投資有個弔詭的「錦上添花」原則：一直跌的時候沒人撿，漲的時候大家追！

基本上，有正常人煙處，避開度假區，只要大家還可以在該區域賺錢工作，基本上不太可能跌到想賣都沒人要。

豬：養大可殺掉賺很多的房子

如果買的不是雞，那麼買豬也可以。

豬是用來養肥的！也許買了後報酬率不好，但是養大殺掉後，就可以賺到很多很多的豬肉，你的辛苦就有了代價！

那麼，豬到底會在哪裡呢？

答案是：經濟正在蓬勃開發中的地區。

例如 2006 年在上海，我的公司投資了一個辦公

室，它就是一隻豬。

當時租金真的不高，投資 300 萬人民幣，租金大概只有 1 萬，算是少得可憐。（報酬率甚至比借人民幣的借款利率還低。）

但它的確是一隻豬！

從 2006 年一直到現在，上海的房子已經漲成天價。我當時買在浦西區，那個時候，人們有一句順口溜是：「寧可要浦西一張床，不要浦東一間房！」可見浦西多得人疼，浦東多讓人嫌。

我不但買了浦西區，還買在很熱鬧的肇嘉浜路。2006 年時，大概是一平米 2 萬多元（人民幣），等到賣掉的時候是 6 萬多元。

「妳好像賺很多啊！」沒錯，如果從總額來算的話，本來是 300 萬元，最後拿回來的是 700 至 800 萬，大概是賺 120% 了！就算扣掉本金，還賺 1.2 倍。

可是再細算就知道，房地產的養豬投報率，沒有你想像那麼高。

放了十年的房子，要除以十！例如，日本當房東

的投報率，一年是 9%，隨便算，十年就賺 90%；按
照七二法則（複利）72/9 ＝ 8 年回本！上海的房子，
賺 120%，一年是賺 12%，雖然比日本的租金報酬率
好一點點，但是房子已經賣掉了，長期不會再獲利
喔！而日本的房子收租金，過了十年，也許它有點老
舊，但它還是繼續在幫你賺錢。

不過，最讓人跌破眼鏡的是「不要浦東一間房」
理論。我念的中歐國際工商學院就設在浦東，我讀書
時已熱鬧非凡。誰也沒想到，2006 年鳥不生蛋的浦
東，從一平米 4000 元人民幣，漲到後來一平米 10 萬
到 12 萬人民幣！比浦西貴得多！

足足漲了 25 倍！

真是一隻大豬公！

新開發區是按照政府大型計畫開發的，馬路又
直，商業區超新穎，建築物超現代！當然比老區有上
漲的潛力！不過，若配套措施不佳，新開發區也可能
變蚊子區，這樣的實例也不少！

馬：中看不中用的房子

買雞 OK，買豬也可以，就是千萬不要買到馬！

馬指的是中看不中用的投資房。

第二間房子，若觀念不正確，一定賠錢。

千萬不要養馬的意思是，馬很好看，可是馬既沒有辦法生蛋，也沒有辦法長肉賣掉。

怎麼樣的投資屋是馬呢？

一位朋友幾十年前興奮地告訴我：「欸，最近，我在白沙灣買了一間套房，就是某名人做廣告的那間⋯⋯」、「有空時跟我說，到我家度假，很漂亮喔！」

有這麼樣的一間房，想時開心、講時虛榮，還能嘉惠友人，但回到現實就會發現，如果房子放著沒去住會擔心；有空去，還要先打掃。

很多人夢想住別墅，別墅也可能是一匹馬。就算漲了，有錢能買下它的人很少。有時會變成有行無市難脫手。

說到馬，我想到一個與馬有關的故事。

有個朋友很愛馬，也開了馬場，有一天我帶小孩練馬術時，他問我想不想要有自己專屬的馬：「我送給妳一匹！」

我婉謝朋友的好意。因為一匹馬每個月大概要花掉 6 萬到 8 萬不等的費用（看馬多大），同時，如果我有了馬，會覺得每星期或每個月一定都要去騎牠、看看牠，還要為牠養生送死，久了一定成為一種心理負擔，那就非常慘了！

所以我不養馬，投資房子也不投資「馬」。

不要將個人喜好及未來幻想加注在投資屋上

有天，朋友打算買日本的房子，於是來請問我的想法。

當知道地點在北海道的山林中時，我驚訝為什麼買在如此遙遠的地方？

「這樣我夏天就可以去避暑啊！」朋友說。

「那其他季節時怎麼辦呢？」

「那就租給別人！」

請問，如果你現在租給別人，夏天時再去住，那麼要把房客趕走嗎？

這樣的想法，就是不正確的投資觀念。

也有人問：「馬來西亞可不可以投資？」

「你覺得呢？」我反問。

「我不喜歡，馬來西亞太熱！」

說真的，其實跟你喜不喜歡沒關係。請把感性去除，要看的是投資潛力、人口紅利、利率、國家政策，甚至民族性都比你喜不喜歡重要！只要投資房是豬或雞，可以養大或可以生蛋，養在哪裡都一樣！

所以，請冷靜客觀的把投資屋，當成你額外養的那一隻雞或豬，就單純用投資的眼光來看。

而且，它是一隻不太會死掉或生病沒人理的雞或豬，這樣投資才有意義，跟你喜不喜歡，你將來要不要在那裡養老，你小孩會不會去那裡讀書……，這些真的都沒有關係！

我超喜歡巴黎，但與其在那裡買房，我不如每次去都去住五星飯店大套房！

做報酬率穩定的決定

做任何投資，人人都希望報酬率越高越好。

提到報酬率，我想起有一次，朋友提到，打算將購入的房子用來做民宿。

「做民宿聽說最高可以賺到 10％，長租客只能賺到 6％，這一差就差了 4％，當然選民宿啊！」朋友說。

「如果是我，就會選長租。」我回答。

民宿雖然最高可以有 10％ 報酬率，誰能保證民宿客人的穩定性？

一遇到疫情，搞不好就是 0％。

多年前我曾經與一家公司在日本合開民宿，後來發現，在生意最好的時候，一年投資 1,000 萬，可以賺 15 萬，最低的時候，只能賺 1 萬，但是如果租給長租客，1,000 萬大概可以賺到 8 萬，那麼，為什麼

我要忍受不穩定的報酬率呢？而且那家經營民宿的公司，沒半年就發現自己賺不夠多，本來清潔費一次只要 4 千日圓，這位老闆大筆一揮，片面加價成為 9 千日圓，不然不幫你管！花了好大力氣才解約！

所以，能租給長租客是最好的，只要對方一直住，穩定不換約，你的報酬率就可以持續。

 ## 投資海外房地產，別忘了考慮稅賦

我是個願意投資海外房地產的人，也被很多人問過：「你要不要買美國的房子？」

「絕對不買！」我回應。

為什麼？

因為稅賦。

美國很多州都要付到 1% 或以上的稅，1,000 萬的房子，如果一年都空著，也要付 10 萬元的稅，而且資本利得的課稅也非常高！

至於歐洲呢？

在法國有個房子，想起來，是不是非常地浪漫！

等等，一來，法國是人口老化國家，二來，法國是稅率很重的國家，光是房仲大概就收 10% 以上的佣金，國家也收 10% 的稅，我曾經老老實實算過，你的房子就算會漲，大概要過 15 年，你才會回本，且做買賣還都要親自到，想要獲利的可能性超低！你要名，還是要利？

所以，如果你看到有人在臉書、IG 上拍照分享「這是我在美國的房子！」、「我在巴黎有個小套房，可以看到巴黎鐵塔！」

很羨慕嗎？有些房子是朋友有比較好。

海外房地產的豬在哪裡？

那麼，海外房地產的豬在哪裡呢？

有人認為是亞洲四小龍中，國內生產毛額（GDP）最高的新加坡。

新加坡的人口紅利死亡交叉點在何時呢？

答案是 2015 年到 2016 年左右（如下圖 4-7）。

我認為新加坡的房地產未跌，是因為不少高收入者移民到新加坡時買了房子，把新加坡「非組屋」（非國宅）的房子炒得老高，但在這個熱潮過後，雖然有國家商業投資政策加持，房子是不太可能一路全體再

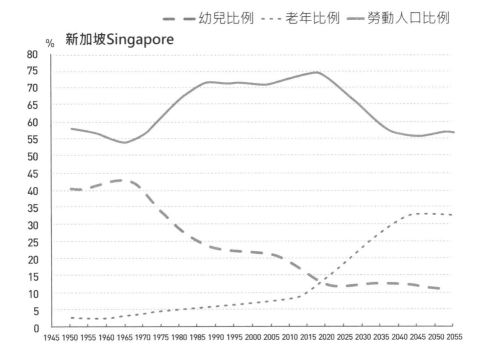

圖 4-7　新加坡的人口紅利死亡交叉點

繼續猛漲！至於符合豬體質的重點有哪些呢？我認為
有五個指標：

1. 人口還在增加的國家，而且人口越多越好。
2. 薪資還在成長的國家。
3. 人性勤奮。
4. 治安要好：如果目前不好，但有在改善就可列入。
5. 政局要相對穩定：或許不可能完全穩定，但要避免突然出現一個軍政府，在經濟上開倒車，或想要在時光隧道急轉彎，「把所有外國人的房子全部都收起來」的蠻橫統治者。

從上述五個標準來看，我覺得越南還在長大中。

越南的薪資持續成長中，人性勤奮的部分不用我說，我們都能明白，現在台灣有很多的美甲、美食店，都是勤奮又多才多藝的越南女性開的。

一般亞洲女性的勞動值，可能只在男性的 0.7 左右（女性常因為當了母親後離職），但越南女人的經濟生

產力～唉呀！我認為實際上超過一個男人！再說到治安，到越南自助旅行的人越來越多，治安也在改善。

如何從ＧＤＰ找到小肥豬

越南房屋的投報率，雖然頂多是 4% 左右，但它的房屋增值比較快，也就是豬的性質大於雞的性質。

我會這麼說，除了越南符合豬的五個體質外，當中的 GDP 更是關鍵！它是一個經濟正在飛速成長的國家，政權穩定，擁抱資本增長等，相當堅定。

「那中國呢？」有一次，朋友問。

在此，就讓我們來看看越南跟中國 GDP 的比較。

看到了嗎？過去十年，越南以 6% 到 8% 的成長率在增長，在 2017 年時，越南的 GDP 年度增長「率」已超過中國。說不定不用到十年，就會翻上一翻，成等比級數的增加。

中國房子漲得最兇時，大約在 2006 年，那時候中國整個 GDP 才剛好在 2,600 多元；越南在什麼時

越南＆中國經濟發展

圖 4-8　中國／越南 GDP 年度增長率

候 GDP 到達 2,600 多元呢？

答案是 2018 年左右！

所有的國家，如果用人口紅利這個學說來看，通常在 GDP 從 2,500 元到 1 萬元之間，房價是漲得最快的！

也就是，你可以期待這隻豬一直長肉！

當 GDP 從超過 1 萬 2 千元到 2 萬元左右後，大部分都已經成為經濟上比較成熟，或者是人口比較老

年分	中國人均GDP(美元計)	越南人均GDP(美元計)
2017年	8826	2343↑
2016年	8117	2170
2015年	8069	2065
2014年	7683	2012
2013年	7077	1871
2012年	6337	1722
2011年	5633	1515
2010年	4560	1310
2009年	3838	1210
2008年	3471	1143
2007年	2695	901
2006年	2099	779
2005年	1753	683
2004年	1508	543

圖 4-9　中國／越南人均 GDP

化的地方。好處是社會穩定、治安也不錯，環境也很好！但是，當收入增加到一個地步，人們不再有那麼旺盛的動力，生養那麼多孩子，對於換屋的需求也相對下降，房子就不容易漲！

　　別忘了世界上「十大宜居都市」，選的都是人口

老化都市啊！家中退休老人多，就悠閒了不是嗎？

台灣也是一樣的。台灣房子漲得最快的時候，就是我們的 GDP 不斷地在往上翻，從客廳即工廠開始，大家想過更好生活的時候。

人口紅利死亡交叉點有比較複雜的數學算法，大家有興趣可 Google，在此先不提。總之，台灣在 2015 年左右，就已到達死亡交叉點，亞洲四小龍也幾乎同時達到，同年，勞動人口也開始下滑，所以，在台灣投資房屋，想要再賺加倍的利潤，我覺得是微乎其微。但如果只要找對標的，安安穩穩收幾顆蛋也不錯！畢竟房市沒股市那麼起伏啊！

▶ 投資屋要買雞買豬,就是不要買只能秀的馬。

▶ 雞會下蛋,長期收到 4％以上報酬率租金的屋最能打敗通膨。

▶ 豬的報酬率或許不高,但養肥後可以拿到很多肉,也就是賺差價的房子。

▶ 馬只有中看不中用,度假屋、幻想以後可以如何如何、炫耀用的屋子都是。

▶ GDP 增長率與豬能不能肥「成正比」。

18. 女人最需要有自己的房子

> 不鼓勵大家沒腦買房、炒房，現在的房地稅漲，你想賺差價很難。不過，女人比男人更需要有自己的房子，因為：一妳不會被掃地出門；二有房子的女人，比有男人的女人更有安全感（不管是什麼年齡這一點很難否認）；三，房子其實是理財工具。

「女人想要活得好，一定要有獨立的經濟能力和自己的房子。」我這句話是抄英國女作家維吉尼亞·吳爾芙的，只是把「寫作」改成「活得好」。

目前大陸和台灣的單身女性，為自己買房的比例有多少？隨著經濟的發達，國民生產毛額（GNP）在一萬塊美金的時候，女性自有房率約是 20％至 30％。

　　當進入已開發國家，女性的買房率都有上升，例如上海有 40％多，台灣也差不多是這個數據。台灣買房的男女比例，登記在女性名下的女生已經到了 47％左右，幾乎快要一半了。

　　就算夫妻買房，通常最重要的是：太太要喜歡！

 ## 男人可靠還是房子？

　　男性常為成家買房，而近年來有個趨勢，單身的女性，很多都在婚前買房子給自己，並非為了成家買房。其實華人女性普遍將房子視為是自己的某個靠山，如果去問這些女人（請在她老公不在身邊的時候）：妳覺得是房子可靠還是男人可靠？

　　回答房子的人應該是占多數。我自己也是選房子，女人過了一定年紀，許多看法十分實際。完全明

白如果房子是妳的，沒有人可以把妳趕出家門，妳永遠有個窩。

英國知名作家吳爾芙的名句：一個女人想要寫作，一定要有獨立謀生能力和自己的房子。她所生活的那個年代，女作家很少，就算寫了文章、書也不一定能夠賣錢，雖然她老公也很支持她，她卻還是說出這句肺腑之言。

女人真的要有自己的房子，擁有自己的房子是個大後盾。台灣的房子要再大漲的可能性真的不高，可是房子進可攻、退可守。房子轉現金沒那麼快，是壞處也是好處，還有保障在，所以很多人做生意把錢賠光的、被騙光的，結果還好房子還在。

妳必須買一間自己願意住的房子，至於要不要買房投資？我不認為投資房子將來會有價差可賺，尤其不鼓勵大家沒腦買房、炒房，加上現在的房地合一稅漲很高，針對「短期交易」課重稅：持有 2 年內課 45％的稅，持有逾 2 年、未滿 5 年課 35％。對於預售屋也是，如果持有預售屋 2 至 3 年轉賣獲利，一樣要

短期套利者課重稅
延長個人短期炒不動產，適用高稅率的持有期間

個人	持有期間 適用稅率	修法前	修法後
境內	45% 35% 20% 15%	1年以內 超過1年未逾期2年 超過2年未逾期10年 超過10年	2年以內 超過2年未逾期5年 超過5年未逾期10年 超過10年
非境內	45% 35%	1年以內 超過1年	2年以內 超過2年

圖 4-10　房地合一稅課稅表

負擔 35% 或 45% 的稅。這樣看來，你想在五年內賺差價很難。

　　或許，是能賺些許租賃財，也不會比 0056 目前平均年利率高，但是女人有一間房可住很重要。

房子登記誰名下？

很多女生都覺得沒有安全感。請問：有房子還是沒房子的女性會比較沒安全感呢？這是人類社會的一個老問題。

我的朋友地產祕密客敏婷說她跟當時男朋友在八年前已經買房子了，「他不敢跟爸媽說，當時房子登記在我的名下。」

呵呵！如果一個男人買的房子，願意登記在妳的名下，這就證明他跟妳還有天長地久的計畫、沒打算跟妳分手，算他傻算他癡心。但是如果他一開始就跟妳計較，房貸他付 2/3、妳只付 1/3，所以房子要登記在男方的名下，那麼妳覺得這個男人可不可以嫁呢？

多年前當上海和北京房市起飛時，很多人都投書說丈母娘好現實，沒有房子，不把女兒嫁給我……如果你是這些人的朋友，可能會同情他，大罵丈母娘勢力眼。但如果今天你的身分變成丈母娘，你也會說：

「沒房？難道叫我女兒去流浪嗎？」

此外台灣的傳統，很多男生的媽媽會說：「第一間房子就登記在我兒子名下吧！」如果我是丈母娘，我會說：「那就請你兒子自己付貸款。」

我覺得買房子這回事，夫妻登記共有比較好。

可是大家也要多思考一下，還沒有真正結婚而一起買房子，將來如果分手，出現的糾紛會有多繁雜，可能想都想不到！

 ## 婚前沒房，婚後沒保障

這是很多已婚女人的故事。結婚之後辭去工作，靠老公的薪水，平常也過著還不錯的生活，三、五年之後就跟社會脫節，想要找工作，其實就已經不算容易了，如果妳完全沒社會工作經驗，更難！

大家都覺得婚姻就要長長久久，房子就登記在男人名下，有什麼關係？

有句話說「天有不測風雲」，萬一悲慘的事情發

生，老公有外遇，且對方還懷孕，開始吵鬧、弄得很僵時怎麼辦？（這是我的某位朋友的故事。）

如果這個男人很大方還好，房子給老婆、小孩妳要給妳，前妻至少還有保障。如果是「什麼都要」的男人和婆婆，婆婆這號人物當然為自己的兒子爭權利，兒子只有一個，媳婦可以再換，未來的媳婦又懷孕了，當然要把「前任」攆走！

很多女人遇到這種事都超有氣節，帶著孩子就出來流浪，但遇到工作不好找，就又回頭去找前任老公要一點生活費，心情低落、尊嚴掃地，這時又回不了娘家，因為娘家通常也不富裕，回娘家白吃飯，難道不必看臉色嗎？

居住也是問題，就算要到撫養權，也租不起房子，同時又要安頓小孩以及籌生活費，這時候，有個自己的房子就是保障。

所以，不少現代女人婚前就開始積極的買房子。

第一，萬一沒嫁，還是很有安全感。

第二，萬一將來出現變局，婚前的財產是屬於妳的。房子可以抵押貸款，拿出一些便宜的資金來做生活費，撐著兩、三年也沒問題。

或許，講很多人會覺得我很現實。

「我們就是會白頭偕老啊！」

不好意思，台灣離婚率已經到 1/3 以上！這是現實。我也希望有情人永遠成眷屬。

以大陸來說，廣州的房市是女性的天下，登記在女性名字上的有 57％！女人願意花錢買一個安身立命之處，而不是換車子！只要有一個小的房子，再換也容易。

可攻可守，兩房比套房好

試問：如果今天妳是一個單身女性，已經存了一筆錢，或爸媽給了妳一筆錢，妳會買套房？兩房？還是三房？

如果是我，我會買兩房。

第一，不能買太大，付不起；第二，太小會覺得不好用，而且未來會擴展，未必要讓男人住進妳的房子，可是這樣的房子進可攻、退可守。

為什麼不要買三房、四房？因為未來兩代、三代同堂少，少子化，各大都市的四房現在已經不好轉手，有行可能無市。我研究蘇州、上海、胡志明哪一種房子轉手最快？答案是兩房。既然兩房的趨勢，是目前市場上比較搶手的，當然未來要轉手，也會比較好轉。

女性當自強，一定要有買自己的房子的雄心，立下決心先存一間房子，總是不會後悔！雖然現在買房在價差上沒有什麼賺頭，但唯一的優點是貸款利率很低，盡量付利息，先不要付本金，不要讓自己因本利還壓力大到失去生活品質，有錢就定期定額放在投報率 4％的投資工具上，更不必擔心成為房奴。

吳淡如煉金教室

▶ 吳爾芙說：一個女人想要寫作，一定要有獨立謀生能力和自己的房子。

▶ 投資房子不一定有太多收益，但是買一間房給自己很重要。

▶ 買房子只要妳有出錢，選擇登記共有比較好。

▶ 買房子後，沒結婚還是有安全感；結了婚但出現變局，還有房子可依靠。

▶ 建議買兩房，進可攻、退可守。

第 **5** 篇

保險
懂得規劃，保險也有高 CP 買法

Life　Business　School

19. 買保險，最高限度該花多少保費？

> 根據統計，2019 年每位國人平均擁有 2.56 張壽險與年金險保單，如果再加上健康險與傷害險，投保率為 967.45%，相當於每人平均擁有 9.7 張人身險保單。哇，台灣人真是深愛保險。你的保單有多少張呢？你知道你買了些什麼嗎？你每年花多少保費？是否保費花得太多而保障卻不夠？
>
> 請先記得一句話：保險是保險；理財是理財。

說起保險，幾乎人人都點頭說有買。

在這裡，先請問讀者朋友們：一個四口之家，假

設夫妻雙方都有工作，兩人年薪加起來 100 萬，你覺得花在保費上的最高限度多少較合理？

有《平民保險王》稱號的作者劉鳳和，可說是保險界的奇葩，他總是告訴大家，平民小老百姓賺錢很辛苦，不要被不正確的保險觀念洗腦，去買花費很大但保障很少的保險。（我常覺得，如果可以暗殺的話，保險界應該會想幹掉他。）

當我拿剛才的保費數學題來詢問劉鳳和時，他認為全家收入的 1/10 拿來買一家人的保險，才是比較合理的保險費用。

「年入百萬答案是不超過 10 萬元，而且，這是一家四口加起來的保費。」

保險，保的是不時之需

保險要有「雙十理論」：以年薪的 1/10，買到年薪 10 倍的保障。

請清楚保險的目的，保險就是保不時之需！

以保障來說，最重要的就是家中有經濟能力的那個人，不是為了賺錢，不是嗎！

　　所以，以上述的數學題，一家四口，兩夫妻都是收入來源者，是家庭經濟支柱，那麼兩人加起來的保障理賠額就至少要 1,000 萬。至於孩子，只要買必要的保險即可，例如醫療險、癌症險。

　　偏偏現在很多保戶都倒過來，買了許多預防未來情況的險，或者是幫對家裡經濟無舉足輕重的人保很多的險，又被龐大保費壓得很累，還懶得看保單（事實上細目繁多也看不完），當真正發生事情時，才發現跟自己當初想的完全不一樣，「理賠金竟然這麼少」或「不理賠」。

　　有一次，我在公司樓下，看到某知名保險公司的業務人員邊抽菸邊說話，看起來就像是主管大哥在教業務新人。

　　只見這位主管大哥說：「你就去找同學啊！親友啊！告訴他們，怎麼可以不顧家裡人的死活，萬一他自己怎樣了，家人怎麼辦？你就要動之以情啊！」

家中主要收入來源者的保障的確重要，但如果只是以話術來動之以情，對保險的契約內容未盡告知義務，以多收保費為目的，對不懂保險的人有「我一年繳了這麼多，保險非常夠」的錯覺，一旦發生事情才驚覺不夠。如果都沒事，那最好，但是人們常保了十年，還有十年未繳，才發現自己保的不是自己想的，那就進退維谷了。繳了可惜，不繳又作廢、前功盡棄，後來只有硬著頭皮做完。

小心！投資型保單話術！

過去，常聽到周遭朋友買了非常多的儲蓄險，說這麼一來既有保險，又能打敗銀行利息。

當儲蓄險的利息也來到低點，連保戶都興趣缺缺時，越來越多保險從業人員或銀行理專將重心放在銷售「投資型保單」上。

我曾經聽到一個例子是，一位銀行理專知道他的客戶有房地產，於是說服客戶將房子貸款買投資型保

單，躉繳 3,000 萬。

而客戶也真的相信理專的話，把房子拿去貸款，買了投資型保單，就因為聽到理專說的，以前有到「5～6%的投資報酬率」，心想，扣除房貨利率2%後，「每年還有3～4%」。

注意！

所謂「以前」有到5～6%的投資報酬率，說的是過去最好的時候，並不是「保證」5～6%；而買了投資型保單後，就是盈虧自負，保險公司跟銀行完全不負責。

令人擔心的是，這對客戶已經是退休多年的老先生、老太太，他們再賺錢的能力有限，最需要保本的時候，孤注一擲，萬一投資不如預期，不但沒賺到錢，還蝕掉本金，而且是拿房子貸款的錢，光想了就為他們捏一把冷汗！

讓投資歸投資，保險歸保險

一位牙醫師朋友，從當實習醫師開始，聽從親朋好友的建議，買了投資型保單，每個月大約投資 2 萬元左右，共投資了十六年。

有一次，他打電話給保險公司，想知道自己的投資型保單到底剩多少錢？客服人員講了一堆專有名詞和金融術語，聽得朋友一頭霧水。

「妳猜最後我剩多少錢？」

朋友說，他十六年來共投入了 214 萬，「解約時，拿回 220 萬。」

220 萬！

乍聽之下似乎還有賺，但是等等。

這 6 萬，是用十六年的青春換來的，一年大概是賺 2,000 多塊台幣！

再說，十六年前的幣值比現在大很多；當年的定存利息也有 3 ～ 4％啊。

如果以同樣的金額，投資 ETF 或者某些可以複

利計算的基金的話，照理說，十年會增加 1 倍，也就是 16 年應該要有 500 萬，而不是 220 萬。

幸好朋友看得開，鬱悶三天就算了，安慰自己：還好還得比本金多。

我一向認為投資就是投資、保單就是保單。

如果，你想投資基金，請直接買基金，不需要放著差不多 1％手續費的 ETF 基金不買，而是買第一年要花 50％、60％手續費的投資型保單。

況且，如果你仔細研究，就不難發現，很多熱門的基金都不在你投資型保單的選擇範圍，這是因為保險公司背後通常都有金控公司，當然就賣自己金控公司推薦的基金。

吳淡如煉金教室

▶ 以年薪的 1/10 當保費，買年薪 10 倍的保障。

▶ 小孩只需要買醫療險及防癌險。

▶ 想知道手上的投資型保單目前剩多少錢？請直接向客服人員問：「我如果現在想解約，可以拿回多少錢？」

▶ 讓投資歸投資，保險歸保險。

20. 買儲蓄險？不如買防癌險！

> 你知道防癌險的關鍵在於單位數嗎？
>
> 你知道有自動續保、超級便宜的防癌定期險嗎？
>
> 爸媽們，送小孩禮物，絕對不是買儲蓄險，而是幫他們買防癌險！

防癌險的關鍵：單位數

提到防癌險，幾乎人人都說有購買。

那麼請問：你知道自己買多少單位嗎？住院時理賠金額一天多少？

每當我問朋友這個問題時，最常遇到的回應就是「不知道」、「什麼單位數」，或者也有人說：「不曉得，不過聽我的保險規劃人員說，我買的一定夠。」

防癌險的購買方式是以單位數為主。單位數與保險金理賠額度有關。

當然，每一家的計算法不同，以 A 保險公司的方式為例，一單位是 1,000 元，如果購買十單位，表示因癌症住院一天，可以拿到 10,000 元的保險金。而 B 保險公司一單位是 5,000 元，如果購買兩單位，因癌症住院治療，一天同樣可以拿到 10,000 元的保險金。

因此，購買防癌險的關鍵就在於單位數。

如果單位數足夠，想升等單人病房，OK，不必擔心差價！單位數更多時，說不定連看護的費用、營養補充品的金額，都可以負擔。

如果可以的話，建議病房理賠一天至少 5,000 元以上。

CP 值最高的防癌險，不可不知

「可是現在保險公司也不是省油的燈，以前防癌險保費較低，現在……保費好高。」朋友告訴我。

在每三個人就有一人罹癌的今天，防癌險越來越貴，買不了太多單位數。

如果，你也是這樣認為的，那麼且慢，你知道其實有一種超級便宜、自動續保的防癌定期險嗎？

不知道或從未聽過，很正常，因為賣方獲利有限，幾乎沒有保險從業人員會主動推薦這一張。

劉鳳和說他人生的第一張保單就是防癌險，後來又陸陸續續加買，現在一年有十個單位，全家四個人，保費加起來每年約共 3 萬元。

當中，除了早期買到較便宜的防癌險外，後來都買定期防癌險。

定期防癌險的 CP 值到底有多高？

以 30 歲的男性來說，一年期的癌症定期險，一個單位 300 元，買十個單位一年也才 3,000 元保費，

就擁有住院一天 10,000 元的理賠金；但如果是購買癌症終身險，一個單位可能就要 4,000 多元保費／年，住院一天只拿到 1,000 或 2,000 元的理賠金。

那麼，定期防癌險有什麼缺點呢？

真要說的話，因為定期的概念就是在保險期間，如果沒有得到，繳出去的保費就相當於一去不回。

不過，這也正是保險的基本精神，用少少的錢買高保障，信念叫做「中了就幫助自己，沒中就當幫助別人」！

至於坊間有的「不實傳言」說，如果得到癌症，隔年就不能續保，這個說法完全是錯的。它就跟定存一樣，隔年自動續保。只要購買的時候看清楚合約上有「保證續保」，且身體是健康的，就算隔年得了癌症，都可以一路續保，且不必再重新簽任何新約。只不過也要注意但書，如：一保就不幸罹癌，保險公司有權退你錢，不給你保障……等各家的規定不同，請留意。

防癌險，比儲蓄險更棒的禮物

認識劉鳳和多年，每次問他：「你覺得我要保什麼？」

他總是告訴我：「啊！妳不用買啦！你除了這一間房子外，還有第二間對不對？」

「對！」

「那就都不用買了！」

「那我的孩子要買什麼？」我不用買，那孩子總還有需要買的吧？

身旁很多朋友，會幫孩子買儲蓄險或投資型保單，做為送給孩子的禮物。

但我認為儲蓄險真的賺不到錢！而投資型可能會賠！

想來想去，送給孩子防癌險要比儲蓄險更棒，從兒童開始保起，一單位只要 100 元，買個二十單位也才 2,000 元，年年可以自動續約，孩子大了想再增加單位或減少單位都可以自由調整，最重要的是，趁健

康的時候買就是王道，不然像現代人文明病多，保險公司對於防癌險又把關嚴格，誰知道哪天想買的時候還被拒保。

吳淡如煉金教室

▶ 購買防癌險的關鍵在於單位數。

▶ 防癌定期險,可年年自動續保,購買時看清合約上是否有「保證續約」。

▶ 要看理賠額度夠不夠,不要只是「加減有保!」。

▶ 趁健康的時候買就是王道。

▶ 家裡的「非經濟支柱」人口,最好的保險就是防癌險,如果想為他投資,那麼還是定期定額買基金或股票吧!

▶ 迷信「爸媽用保險幫孩子理財」這種實在不理性的通俗說法!

21. 失能險，到底需不需要保？

> 大多數買保險的人，很難一個字一個字的仔細閱讀保險契約，了解真正能理賠的細項。
>
> 想讓退休生活更有保障，買最近超夯的「失能險」真的好嗎？很貴喔？該如何規劃高 CP 值的保單？才能以最少的錢，買到最大的保障？

這幾年，長照議題受到極大的關注，陸續聽到 50 ＋的朋友們買了長照險、失能險等等。

我發現，每當我問朋友：「你買的失能險內容是什麼」時，90％以上都回答：「就是失能的時候，保

險公司會每個月給付一筆錢，相當於為我請看護。」

至於怎麼樣算失能？每個月到底能收到多少錢？

幾乎沒有人可以清楚回答。

原本，我認為長照險、失能險是某個年齡以上的人才會考量的保險項目，直到有一次做節目時，與一位才三十歲的朋友聊起來，才驚訝地發現，年紀輕輕的她，竟然也買了失能險。

「這是 70 歲後才會需要的吧！至少離妳還有四十年，怎麼會現在就想到要購買？」我問。

她告訴我，因為這幾年聽到政府提倡長照，於是思考現在少子化，加上未來也不知道會不會生小孩，覺得買一個失能險，至少未來躺在病床上時，有可以請看護的費用。這稱為「想像中的失能險」。

「妳知道自己買了什麼嗎？」我繼續追問。

「我知道中風有賠、此外也有分等級，內容密密麻麻地，不太清楚……」

這就是一般人對保險的態度。叫「有保就好」、「朋友介紹加減保」、「能想像自己有保障就好」、

「只要有保就自我感覺良好」！

　　就是「把錢給保險公司的未來就安心」。

失能險需不需要保？

　　我的人生是以不失能，不讓人家長照為人生的奮鬥目標，所以一直在練體力，也不曾想過要買長照或失能這類的保險。雖然我也明白，很多時候是「中不中籤」的問題，你只能盡人事，聽天命。

　　究竟需不需要保失能險？

　　基本上，在購買這類保險之前，一定要把基本的意外險、癌症險先都買到夠，有多餘的錢，就去投資0050之類，最後剩下的錢，愛買什麼就買什麼。

　　不過，就是很多人聽名詞來想像，覺得有買有保庇，還是要購買一下才安心。如果，你也是這種「不買總覺得怪怪的」人，那麼至少要清楚你買了什麼？

購買失能險一定要知道的事

買失能險或嚴格來說是買任何保險，你最少需要知道一件事：怎麼樣的情況會理賠？

以失能險為例，很多人覺得「中風」就有理賠，卻不曉得你買的險必須要到癱在床上、極度、高度需要他人照顧才可以理賠，不信，請把當初買失能險時，保險公司附上的「失能等級表」拿出來細讀。

也就是說，不能只看「病名」而是要了解「理賠等級」。

失能等級分為十一級，按照等級給付理賠金。

劉鳳和以他母親為例，媽媽中風八、九年了，在前五、六年的時候，都還可以拄個拐杖走時，雖然病名就是中風，卻因為還沒達到極度需要他人照顧，所以不理賠！

將「失能列表」拿出來看，就會發現，失能險大部分內容講的是肢體的部分。例如四肢、指頭的缺失，或者是喪失功能，而且要看嚴重性。

如果只缺失一個指頭，不賠，因為不算喪失功能；如果是一個手掌出狀況，那麼就會賠，因為失去一個手掌，的確會造成失能。

那麼精神疾病呢？

如果可以走動，可以自己吃飯，就不是「極度、高度需要他人照顧」，所以也不會理賠。

至於眼睛疾病呢？

要兩隻眼睛都失明，才符合「極度、高度需要他人照顧」。

所以，別以為買了失能險就一定會理賠。也請注意，每個保險公司的條文都不一樣！很多時候，想像很豐富，事實很殘酷，失能絕對不是想像中的有買有保佑，也不是看病名就賠；不是失智就賠、中風也賠。

請謹記「看身體狀況」五字，戳破失能險盲腸。

關於失能險保費、理賠金與看護費的迷思

有個 40 歲左右的 EMBA 同學告訴我：「我剛買了終身失能險，未來至少躺在病床上時，有可以請看護的費用！」他還問我，要不要也買個保障。

如果，你也是為了類似的原因購買失能險，現在，就是讓我們將數字攤在陽光下好好算一算的時候了！

以某家失能終身險來看，50 歲年繳 155,000 元左右，20 年共繳了 310 萬元。

假設在 80 歲時失明，每個月可拿到 2 萬元的理賠金，要到近 93 歲時，總共才拿回 310 萬元。而且，這還沒有把通膨算在內，他 93 歲時 310 萬到底等於現在多少錢很難估算。

以 5 倍來計算，假設現在每個月請外勞的 3 萬元，等他失能時可能每月要 15 萬元。不是他現在想的「一定夠」！

二來，極有可能的是，屆時已經沒有外勞會來了（目前有些東南亞國家因為內需大，已經禁止國內勞工出國當外勞）。你確定那時會有外傭願意來嗎？你拿回的錢夠付他？

你是因為飢餓行銷買保險嗎？

有一次與朋友相聚時，朋友的保險業務員傳了簡訊給她，大意是說失能險不久後要漲價。

沒多久，就聽到保險公司收件忙到不可開交的消息。

這件事讓我想到，認識的法國留學生中，很多人最喜歡聽到 LV、愛馬仕漲價。

當這些品牌一宣布「下個月漲 20％」，這些學生就會出動排隊代購，「幫人買包，順便填滿自己的荷包」。

雖然商品不同，手法卻很像，說穿了根本就是一種飢餓行銷！其實，不只失能險，更早以前就發生

過，每當某一類型保險商品要漲價或停賣時，就會引發民眾購買，連金管會都出來說「保險商品不得以保費即將調漲作為宣傳或銷售訴求」。

看到這裡，如果你覺得似曾相識，那麼請回憶一下，你的保單中，是否中了飢餓行銷的梗？你，真的需要這張保單嗎？還是因為「害怕」而購買？

吳淡如煉金教室

▶ 購買失能險前，先把意外險、防癌險的額度買好買滿。

▶ 失能理賠不是以疾病名稱來看，而是「極度、高度需要他人照顧」才理賠。

▶ 與其買失能終身險，不如考慮失能定期險，再添一些錢來投資 0050 或 0056。

▶ 未來不一定會有外籍勞工，自己的健康自己顧！

▶ 檢視你的保單，是否因為飢餓行銷而購買？

第 6 篇

創業

別以為豬在風口就會飛！
創業前，先了解基本原則

22. 太多人的地方不要去，增加成功機會

> 在創業的過程中，我也有過小悲慘的創業經驗，但是歷史上都只書寫成功者，沒有人會在意你的小失敗！
>
> 所以先說很光明的結論：請你也不用繼續記得自己的失敗，這世界上多少人的失敗是前仆後繼，創業是遍地鮮血，開成明日黃花！

我喜歡理性歸納出原則和邏輯，不喜歡像坊間名嘴一樣，杯弓蛇影猜測一堆，訴諸感性、挑撥、情緒激動。我覺得任何事情都一樣，只要我們的人生和理

財有原則、有思考的主軸，就不容易被很多事物影響，也不會是驚濤駭浪裡的一艘小船。

但是，很遺憾的，很多人就是驚濤駭浪裡的那艘小船，卻打包票收了更多無知者上這條船。常常看到股市名嘴、開股友社的，帶著別人的錢，跑到不知蹤跡。

還有很多的企業主，也不知道自己到底會不會長期成功，一開創出一個自認為還不錯的商業模型（business model），就叫大家加入他的加盟店！其實台灣的加盟店，保守一點講，我認為有三年內沒有善終者佔多數。（事實上的數據，超過三年還有獲利者不到 5％。）

聽到「現在會賺錢」五個字，請先停看聽

很多人做加盟店的目的在於越多越好，先拿錢，拿了錢後辦不辦事不知道？也不問業務是否能與日俱進？

先說一個概念：只要有人告訴你哪一個行業「現在」很賺錢，那就請你別急著踩雷，那代表「現在」千萬不要去參與。

現在看到很夯、很賺錢，就馬上去仿效創業，一定會失敗。為什麼？一定有許多不專業的人，跟你一樣眼紅、想殺入這個市場啊！

天下都在抄！是好事嗎？其實我在當電視節目主持人時，演藝圈就是這樣，只要看到大陸、韓國某一檔的節目做得不錯，就會用有限的經費去模仿它，甚至只要在台灣同樣有個節目收視率不錯，也會大量的去模仿。

以前我主持的節目「女人要有錢」也是這樣，當越來越多電視台模仿時，我了解，這個節目終究是做不久、該散會了。

 ## 不要開心的去當最後一隻老鼠

「女人要有錢」節目一出來，第二年就登上收視

率排行榜，大家都覺得不難，於是各個電視台紛紛開了很多估價的節目，拚命來挖寶物鑑定專家。

一窩蜂的節目，就是大家都做，就把它做死。就算後來大家倒了，你還活著，也別高興，大家也看煩了。

就像是經濟學上所講，它已陷於完全競爭的市場，而所謂的完全競爭市場，就是在市場上到處都有競爭者、每一個人都完全可以跟你做得差不多。

很多人念了商學院，還是看到哪個賺錢就往那裡去，也不問自己可有差異化競爭？沒有什麼原則，風一吹就擺到哪裡，如同水草一般。類「蛋塔」危機，每幾年就在創業市場大上演一次，這幾年抓娃娃機、拌麵也引起大批人跟風。

水草還有根，但投機型創業者可是沒有根的。

如果只看到很賺錢行業的風光表面，沒有實際掌握這到底可以做多久，就加入加盟時，常常會成為最後一隻老鼠，這才發現並不如想像中的賺錢。

而加盟這名詞的確是很弔詭的，就算誠懇做加盟

的企業主，也常發現它是雙面刃。

我看過很多成功的企業，因為加盟者不好管理，花錢把加盟店收起來變直營。看來，如果要維持企業一貫的品質和名聲，恐怕得靠直營才能把政令貫徹到底，加盟店就很難做到這點。

現在熱門，以後呢？

幾年前，我看到許多大學生投身娃娃機。

「這個很好賺耶！」他們這樣跟我說，「你看大家都有賺錢！」學生告訴我，尤其是逢甲夜市，一台只要花個 6,000 至 8,000 元，客人可能會投個幾百塊錢，吊個只要 20 到 50 元成本的小玩偶！

很好賺是嗎？是的，第一批應該已經賺回本了，但是遇到這種流行性的錢，如果賺到了，我勸你趕快拿了錢就跑，不要太有毅力，也別跟後面的老鼠擠在一起比拚，還有，不要因為一時賺錢就把生意越做越大。

為什麼？因為你忘了估算「退出門檻」，你很可能吐回去。

　　再舉一個例子。最近的熱潮是拌麵，很多的藝人也都推出了自己名號的拌麵。

　　我覺得一開始就投入的，的確是有市場、有眼光，例如「曾拌麵」，做得不錯、很長銷好吃！但是，也不能說其他明星不能跟風，而是因為做拌麵其實不難，現在南部有很多的製麵工廠，只要 10 萬元左右，就可以專門幫你量身訂做生產各式麵品。

　　不過，你有品牌力嗎？沒有。如果你是明星也就算了，消費者多半會看明星光環，人家曾國城也是個大主持人啊，可是如果你是個 Nobody，又要透過同樣的工廠、調出配方（或許味道更好一點）、改良包裝來販售，很可能就沒用了。

　　第一個明星出來有用，同行第二個明星就未必能吸睛。還有明星千萬別以為粉絲會一直有忠誠度，才怪！那是剛開始，就算你推出的東西好吃，粉絲未必能一直吃。

這在五力分析（請見下一章）中就是奉上五個
×，但是就算大家都知道，還是會想，反正失敗賠的
錢不多，就是 10 萬元，為何不試試看？明明投資的
東西差不多，每個月都以為自己的結果會與眾不同！

當我想進入一個企業或投資的時候，會很冷靜的
看原則：它有獨特競爭力嗎？好模仿嗎？吸引力會持
續嗎？是剛需嗎？退出成本高嗎？這個流行會多久？

千萬不要告訴我熱門行業一定會賺錢，事實上，
現在的熱門行業不代表是以後的熱門行業！反而是會
賠錢的。

不要拿命踩名叫熱門的地雷

還有一件事情，我一直覺得是集體策略上的一大
錯誤，就是爸媽很愛管小孩立志願、念科系，一定要
小孩去從事熱門行業。其實這個時代的變化，我們連
快跑都跟不上，試問：以前的熱門行業到現在還是
嗎？在我剛出社會的時候，以文科生來說，那時的熱

門行業是老師、主播或記者，也可能是銀行的職員，或者是公務員。

現在，現在這些工作還叫做熱門行業嗎？

有沒有發現這二、三十年來，薪水沒有變高、未來也不見得有前途，很多報社已經解散了，很多老師變成了流浪教師，這就是大量進入的結果！

當時的熱門行業，如果後來太多人進入，又變成一個完全競爭的「血海」，反而如果去做自己喜歡的事情，讓孩子去做愛做、有興趣、願意投入的事，也許那件事很冷門，就算是去研究甲骨文好了，如果這世界上沒幾個人看得懂甲骨文，你也擁有獨特的競爭力！

與其要孩子投入熱門行業，不如多觀察孩子有什麼樣的競爭力！

選擇比努力重要！請容我一直說這句話：不要拿命踩名叫「現在很熱門」的地雷！

未來十年會出現的超夯行業，是我們用現在的眼睛看不到的啊！

吳 淡 如 煉 金 教 室

▶ 不要跟最好的朋友創業，有太多問題發生在友情身上。

▶ 你要創的業 Google 搜尋出來有多少結果？如果根本就是百萬條，就叫做太熱門，請放棄！

▶ 大部分的人都高估了自己的能力、時間，還有錢，以及人際關係。

▶ 現在的熱門行業，不代表是以後的熱門行業。

▶ 熱門行業一窩蜂，大家都去做，就是把它做死。

23. 追逐熱門行業為什麼老是一場空？

> 別只看樹上黃金果，先學會不摔斷腳！
>
> 有一個著名的理論叫做擦鞋童理論，也就是等到我們這種平庸之人知道的時候，所謂的熱門行業就是夕陽行業了！
>
> 我看過太多人，只要聽到「穩賺」就會跟著上車，完全沒有評估自己到底有無競爭力！本章就把有些人念商學科系好幾年都沒搞不清楚的五力分析，清清楚楚地告訴你。

麥克・波特（Michael Porter）教授提出的五力分

析（圖 6-1），是個傳統又古老的理論，教大家分析自我的處境，以及是否要進入某一個新的領域或行業。

雖然也遇過不少質疑，卻重要到：沒有讀過五力分析，就別說念過商學院。

學會五力分析，不會亂投資

為什麼我們一定要學習五力分析？

因為這樣就不會亂投資。

在此我簡單說明「五力」以及判斷方式，如果對你不利的請打個 ×，× 越多越不能做。不過我認為五力分析放在很多地方，基本上還是都有點道理的。

現在我們就用娃娃機來做五力分析。

新加入者的威脅：有沒有很多新的人加入？答案是：有！因為如果娃娃機只要 6,000 至 8,000 元就能買到一台，那麼身上有 6,000 至 8,000 元的人多不多？超級多。

圖 6-1 五力分析圖

現有競爭者之間的競爭力：競爭很大！到處都是娃娃機，一個店面裡可能就有一、二十台，也許可能你覺得現在放「鬼滅之刃」的流行娃娃最厲害，可是別人也可以買來放啊！這樣對你有沒有利？當然是無，所以競爭很大！

供應商的議價能力：娃娃機是你的固定成本，雖然之後也可以賣掉，但一定賣得掉嗎？對於娃娃機裡頭的娃娃來源，你是否有議價能力？沒有，你頂多只有兩三台機器、放的娃娃不多，哪來的議價能力？所以你對供貨的上游，完全沒有什麼議價空間。

顧客的議價能力：那麼對於買方（消費者）是否有談判空間呢？也沒有，他沒有一定要來你家，他不喜歡或夾不到娃娃就去另一個娃娃機，沒得談。

替代品的威脅：有沒有東西可以替代你的娃娃機？多得是。除了其他人的娃娃機，夜市裡還有很多玩樂和獲得的獎品玩具可以玩，而且娃娃機裡的娃娃，只要潮流一過，就沒有人想玩。

另外，因為進入門檻實在太低、誰都可以投資，以致於整個夜市，每一個空的店面都被娃娃機占據，熱潮過後，所有的娃娃機都在冷清的空間中等客人……

越熱門越容易泡沫化

還有什麼東西會導致這種現象？

如果你是個中年人，應該記得這個名詞：蛋塔效應，我覺得應該也可以列入經濟學名詞。

以前曾有陣子流行過葡式蛋塔，連明星都加入開店的行列，結果鬧區的每一條街上幾乎都有蛋塔店，本來買蛋塔要排隊排好久，但沒多久就開始一間一間的倒掉，連賺錢第一名的店也倒了。

不要看當初賣第一名的蛋塔店生意很好，其實如果到了完全競爭、到處都是競爭者的時代，第一名可能會暫時撐住一時的榮光，但等其他店家都倒了之後，它的生意也未必會回復，因為熱潮過了。

所以永遠不要從第一名的生意好不好，來判斷你要不要進去分杯羹！除了蛋塔，之後還出現北海道巨蛋麵包、鹽可頌效應，也是一模一樣的狀況，到處都在推這些麵包。

其實連珍珠奶茶也是，之前要喝某些名店的珍

奶，需要排隊排好久，後來隔二、三步就看到一家。會造成這樣的效應，是因為進入的門檻很低，也因如此，新加入者的威脅一定很多，同時，又不可能設一個門檻，例如申請專利，限制其他店家粉圓都不可以放進奶茶裡，這是夢話。新開的店家誰都會改良產品，誰都會推出不同口味的珍珠奶茶。

　　所以，不只茶飲店將來會泡沫化，連咖啡店也是，因為煮咖啡不難。而星巴克不只是在賣咖啡，它是賣一整套服務的，包括空間。

五力分析判斷法：不會傻傻相信「夯」

　　但是你會說：也有人摸進紅海還做得很好。是的，這代表人家一定有某個特別的競爭力，也許價格賣得很低、品質又可以維護得很好，也許他做了錯位競爭，採取跟主力不同的地方做「關鍵攻擊」！另外主要的領頭羊店家可能還有規模經濟優勢，在發展規

模上，可能有一百家店，這會比只有一兩家的店好談進貨價格、壓低成本。

所以同樣是茶飲店主力店家，可能不是五個 ×，但對你而言卻是 ×××××！拿好拿滿：

× 抗拒不了新加入者。

× 跟供應商談不了價錢。

× 跟現在的競爭者陷於一片血海史。

× 無法讓顧客只想來店裡、不去其他人開的店裡買；就算用低價促銷，對顧客也無長久吸引力！

× 替代品很多，不喝奶茶，也可以喝別的飲料；而且同樣的珍奶，別家店也可能做得比你好喝。

在說明了茶飲店的五力分析後，接下來，讓我們再來看看台積電。

為什麼台積電會成功？傳統產業用五力分析來看很準（圖 6-2）：

○ 新加入者的威脅不太多。

○ 現有競爭者之間的競爭？不怕，競爭力很強！

○ 替代品的威脅？現在大陸生產新晶片也不太多。

○ 買方的議價能力？不高，反正你就只能跟我買！

○ 供應商的議價能力？其實對於一個這麼大公司，

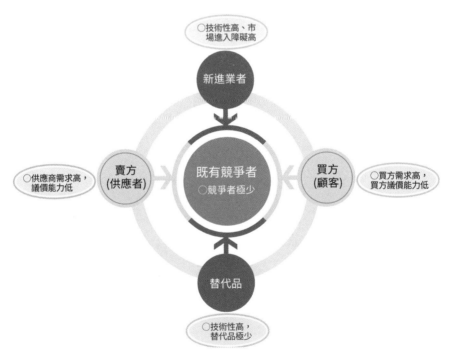

圖 6-2 五力分析：台積電

供應商還是都要看他的臉色呢。

台積電有五個○。

從以上的案例，我們可以知道，懂得五力分析很重要。

不要陷入完全競爭的黑洞

其實完全競爭很容易了解，也就是一塊市場大餅，大家都覺得好吃，又都可以很容易的吃它，投入的人越多，就會僧多粥少，後來的人連餅乾屑都撿不到！所以無論哪一支股票、哪一個行業，只要被媒體報導說急速成長、前景看好，被你知道的時候都已經晚了，這個在經濟上也有一個理論：擦鞋童理論。

相傳是美國石油大亨洛克斐勒的故事。有一天，他在路上擦鞋時，擦鞋童告訴洛克斐勒：「我也買了石油股票喔！」

洛克斐勒很驚訝，連擦鞋童也買了？他馬上出脫

了手上所有的股票，果然沒多久，股市就大崩盤。

擦鞋童理論說明了只要一堆人很不理性的去炒，絕對不是好事！就跟台灣 N 年以前「蘭花泡沫」一樣。台灣蘭花泡沫很像知名的荷蘭鬱金香泡沫的小翻版。這是四、五十年前的故事，那時蘭花曾經賣到一百萬 1 株，連不那麼愛花的人，都開始栽培蘭花，希望一夕成富翁。

所以在報章媒體看到什麼東西最好賣、什麼東西正急速成長時，我勸你，如果本來就沒碰的話，就不要去碰！如果很多人要進來你這個行業，而你也知道自己並沒有獨特競爭力，那麼就請你離開！

不是很多事情都能變成百年事業，越想創業賺一票，越沒辦法帶錢順利跑。至少做娃娃機就不是百年事業！

 ## 誰都想事少離家近賺得多

獲利都是辛苦的，想賺比較多的利潤，進入的

門檻一定不可能很低：不可能有錢多事少離家近的事情。

在辛苦的 2020 年之後，台積電發了很多個月的年終獎金，相比其他行業高出許多，可是你必需知道，每位員工都有特殊專長、工作都很辛苦，不少人在無塵室有專業技術還爆肝。

任何高報酬的工作，都不是可以隨便就賺得的。

所以請不要看到熱門行業就投入，臉書直播賣海鮮賣得好，你就想做海鮮直播。看人家網紅業配接得多，你以為自己也長得不醜，覺得自己照著做也 OK。

要先問問「我的獨特競爭力在哪裡？」「是不是最後一隻老鼠？」「不做會有遺憾嗎？」「做不成會有多少損失？」，千萬別見熱就投，見好就上！那就會像寓言故事裡「賣牛奶的小女孩」一樣！

吳 淡 如 煉 金 教 室

▶ 了解五力分析的道理，就不會亂投資。

▶ 永遠不要從第一名的生意來判斷所有的行
　情！

▶ 一堆人開始炒作某件事時，如果本來就沒碰
　就千萬不要去碰。

▶ 當自己的行業變成熱門，但自己並沒有獨特
　競爭力，那麼就請你離開！

▶ 想賺比較多的利潤，進入的門檻不可能很
　低、做事很輕鬆，或者離家近。

24. 改變世界，要先改革自己

> 做生意一定要跟別人不一樣！日本最貴的飯店，一晚要 4 萬多台幣，為什麼大家前仆後繼要買單？
>
> 星野集團的創始人之前是敗家子、之後翻轉人生，甚至用創新來改變世界！能使你鹹魚翻身的只有自己，減少猶豫的時間，行動往前，鍛鍊自己的能力和獨特性。

幾年前日本北海道函館有個擁有絕美夜景的大飯店，曾經來問過我的公司有無興趣承接，兩百多個房

間，只要賣我台幣 1 億元，而且馬上有人想租它，投報 5％，我只要當房東就好，但是我沒有接。（現在想想，我接就傻了，現在一定破產。）

為什麼我沒有接？

1 億元，去銀行貸款就有了，問題是它的財報很慘烈。租金回報是 5％年投資報酬率，如果你花了 1 億台幣買下它，大概一年可以拿到 5 百萬元，可是整修費用是房東處理的，那麼多房間一年可能要付 3 千萬，甚至 5 千萬，根本是個濫坑！

飯店業坑很多，資產浩大，員工陣容也龐大，退出門檻還很高，沒有三兩三，不要上梁山。

用創新點子吸引人

在北海道，有一個名為 TOMAMU 的滑雪度假村很熱門，這間度假村有一千多個房間跟高爾夫球場，曾經虧損得十分厲害，是星野集團成功讓它轉虧為盈。怎麼做到的呢？當星野集團接下它時，創始人星

野佳路，問了員工一句話：

「這裡有什麼美景？」

「TOMAMU 有最佳看雲海的地點！」員工這樣回答。

星野佳路便以此發展，還在看雲海區設立了咖啡廳，自此大家都想在清晨搭纜車到最接近天堂的咖啡廳，然後喝著咖啡、欣賞雲海，找到熱點與賣點，使得 TOMAMU 度假村變得極熱門，成為星野集團獲利第一的單位。（其實這裡本來就有纜車，星野佳路當初徵詢意見的員工，是修護纜車的老員工。）

我去過輕井澤的星野，因為它不包含餐，所以價格並沒有台灣的貴（台灣設點在台中谷關——虹夕諾雅谷關），一晚大概是 3 萬多元台幣，裝潢簡約，不強調豪華，有一點像安藤忠雄、隈研吾那樣的設計，自自然然、灰灰淡淡，使用原始的材料。可是當你一進入裡面，可以感覺到自己好像氣質變成不一樣，突然變得有氣質起來了。

貴有貴的道理，谷關星野的大廳，會喝到熱騰

騰、新鮮的柚子茶，耳邊會傳來叮叮咚咚很像峇里島的音樂，讓人感覺到心靈被療癒了，這是客人來此的目的。

星野的房間裡不提供電視，它提出「非日常」概念，不是要讓你賓至如歸、好像回到家，而是把你的日常感排掉，讓你為這個額外的某種氛圍，覺得值得付費。

這就是星野集團，原則不多，但是一直在用它創新的點子，引領客人過著跟原來想像不一樣的生活，每間星野飯店都有不同的驚喜，我想這個才是理由。

舊文化也能創新

在星野，傳統一定要受到尊重，歷史也要被重視，但是千萬不要踏進舊窠臼裡！星野佳路總是在他的飯店，把日本的某一種文化精神提升出來。

文化是一門好生意，也不只是手工藝！

台灣的文創，總是把文創當復古手工藝。

精緻款待文化不是很具體的東西，星野佳路證明文化和氣質是可以賺錢的！

　　出國旅行時，我住過很多被他拯救過的老旅館。破舊旅館在經過他的改革之後，隱惡揚善，都變得極有特色。

　　我記得我曾經到熱海的飯店，那個飯店真的很舊，剛住進裡面會後悔：為什麼我要花這麼多錢來住地板吱吱嘎嘎的老房子？可是這飯店有一條小路，可以通向懸崖，而在懸崖的頂端、靠海的部分，有一個安藤忠雄設計的檜木的溫泉。走過那條小徑，泡了溫泉後，馬上感覺到：這筆錢花得真值得啊！

　　我對這個地方一直牢牢記得，很想再去。

　　什麼叫做創新呢？不少人認為，「創新」只在科技上，只有科技才叫創新。其實如果把舊的東西，用不一樣的觀點、方式來經營，汰舊佈新、汰弱留強，換一個管理的模式，也是商學院所說的創新！

　　試問，如果把自己看成一家企業、一個集團，怎樣可以讓自己變得跟以前不太一樣呢？

個人如何自我創新？

第一名，也會倒！時代的考驗一直來、一直來，柯達公司在數位相機發達之前，還是第一名軟片製造商，沒有人的軟片比它好，可是它被淘汰了！諾基亞在智慧手機還沒有出現之前，拿著它的手機有多風光？相信中年人都明白，而年輕人已經沒有聽過這個品牌！在它宣布破產重整的時候，CEO 非常沮喪的說：「我們真的沒有做錯任何事！」

沒有做錯任何事的第一名公司就不會被淘汰嗎？歷史上有很多反例。我常常聽「混沌大學」的演講，創辦人李善友教授一直強調創新的重要。他說：「你們無論是賣鮮花、賣豬肉，還是賣家電、做知識付費，想在未來的環境下生存，微創新這件事必須要做，只有變革者才能夠看到明天的太陽。」

因為疫情把人逼到牆角，把企業逼到絕境的時候，就是我們向死而生的時候。我們常常會高估眼前所面臨的困難，低估長期所帶來的機遇和挑戰，所以

越是在危機的時候，越需要理性。

可能在很多年後，我們會殘酷地對自己說，我感謝那場新冠肺炎，它把我們逼到了絕境，但也讓我們重新發現了新的可能性。

將尼采這句話分享給你——那些沒有消滅我們的東西，將使我們變得更強大！

創新是我們不斷進步和生存的力量！

創新不是革命，也不是全盤推翻，它可能是一種微改革，或者換一個角度去想問題、解決問題！

也許你不是企業家，但是你也可以把自己當成一家公司，問問自己？我可以如何創新？

答案可能很簡單：

一、為了要給你的身體一些新活力，你可能要開始運動：雖然說萬事起頭難，但是你可以挑自己稍微喜歡的開始做，其實一個人只要有規則的從事一件事情，大概 10 次之後就會變成習慣！

二、**求知才能離開舒適圈**：大家都會說離開舒適圈，其實在商業管理中，也曾經有專家繪出過圖形——舒適區的外面並不直接是一個冒險區，外面還有一個小圈圈叫做學習區（圖 6-3）。人類都是有學習曲線的，你一定會越學越好。貿然走出舒適圈，挑戰未知，可能很危險、很不能適應，可是學習可以減緩你的冒險程度。

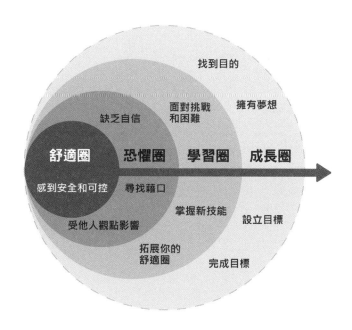

找到目的

面對挑戰和困難　擁有夢想

缺乏自信

舒適圈　**恐懼圈**　**學習圈**　**成長圈**

感到安全和可控　尋找藉口

掌握新技能

受他人觀點影響　設立目標

拓展你的舒適圈　完成目標

圖 6-3　離開舒適圈

人生有沒有進步，其實就在於你願不願意學習？很多人離開學校之後就不看任何的書，也不肯上任何的課，只是看看新聞報導，就以為自己已經知道了天下事，其實都留在表層，成為知識層的浮游生物，始終進不了核心，那是很可惜的。

　　再說到理財。理財實在不難，最基礎的定義就是掌握你現有的錢財並且做分配，很多人把它想得很難，那是因為他們一想到理財就認為一定要神乎其技的賺錢！這種錯誤的觀念反而讓他們每一次投入金錢時都像在賭博，結果也就慘不忍睹！

　　不管你過去有多少理財的陰影，我相信透過這本書，大家好歹會有一點點正確概念。

　　對每個人而言，創新都很重要！改革自己，是為了讓自己活得好！做一個自己越來越喜歡的人！

吳淡如煉金教室

▶ 能使你鹹魚翻身的只有自己，減少猶豫的時間，行動往前，鍛鍊自己的能力和獨特性。

▶ 在星野集團，傳統一定要受到尊重，歷史也要被重視，但是千萬不要踏進舊窠臼裡！

▶ 文化是一門好生意，也不只是手工藝！

▶ 創新不是革命，也不是全盤推翻，它可能是一種微改革，或者換一個角度去想問題、解決問題！

▶ 如果把舊的東西，用不一樣的觀點、方式來經營，汰舊佈新、汰弱留強，換一個管理的模式，也是商學院所說的創新！

▶ 把自己當成一家公司，問問自己可以如何創新？答案可能很簡單：一、開始運動。二、求知離開舒適圈。

25. 想成功，請懂第一性原理！

> 很多人把有沒有出息、會不會成功歸因為運氣，投錯胎、選錯行、做錯工作、嫁錯人……千錯萬錯都是別人錯！
>
> 其實大部分的英雄出身都很低，你也不需要掌握很多大原則，只要掌握第一性原理！
>
> 電動車和可回收火箭的奇葩，在世人看來怎麼創業就怎麼成功的馬斯克，一直在推薦第一性原理。然而，什麼是第一性原理？

「第一性原理」是伊隆・馬斯克推崇的，為什麼

他可以以一個學物理的大外行來做電動車？為什麼他企圖登陸火星，而追隨者也不少？這看似不相關的、連續性創新的能量背後，存在著「第一性原理」。

「第一性原理」究竟是什麼呢？因為它是認知、思考的基本依據與原則，與其說是商業，它更像是一種哲學。

避免落入思想侷限

哲學家叔本華說：「世界上最大的監獄就是人的思維和意識。」的確，人類的困擾，都是我們的腦袋所產生的，然後被自己畫地自限。

年紀大的人尤其要注意，為什麼人有句話說「老狗學不了新把戲」？你被自己編的重重無形繩子捆綁了。

如果仔細檢查，我們過往犯的那些讓人遺憾的錯誤、錯過的機會，你會發現，大部分的過失，都是我們認知的侷限所帶來的，而非別人蓄意破壞的。

只因你不假思索，沒有想辦法解決眼前障礙，於是浪費掉你的美好人生，做著無意義、無增長的事情。

有一個寓言故事說得非常好，新婚的女生有天想要煎魚，買了一個鍋子之後，突然想到：以前媽媽好像都會把魚切成兩半才煎。

那我是不是要切成兩半呢？她心裡想著，於是就打電話回家問媽媽。

「是啊，我都把魚切成兩半才煎。不過，我也不知道為什麼，因為你阿嬤都這樣做，我看她這樣做，所以我也照著做。」媽媽如是說。

還好阿嬤還健在、耳聰目明，媽媽打電話問了阿嬤，答案出爐！

阿嬤說：「我把魚切成兩半，沒什麼特別，是因為我們家只有一個平底鍋，而那個鍋子太小了。」

仔細思考，你一定會發現我們都在犯類似錯誤。遵循傳統的已知，不明究理。

我們常常說：大家都提到應該要怎樣怎樣？我媽都怎樣怎樣？大家都怎樣怎樣？但答案卻很「驚

人」，不是魚這樣煎才好吃，而是因為那個年代的鍋子太小，所以才把魚切成兩半，而這些程序對「現代的鍋子」是不需要的，現在的鍋子要多大就多大。

聰明的你，會知道我討論的不是鍋子，而是我們思考上的因循苟且，還有思考上的侷限。

第一性原理非比較性思維

說真的，如果馬斯克沒有成功的話，就不會重視第一性原理。馬斯克本來打算念物理學博士，第一性原理是從物理學借過來的。

現在的新創公司老闆，常會遇到投資機構來諮詢，也常會被這樣問：「你這個東西看起來不錯，但是你可不可以跟我說一下它的第一性原理是什麼？」

想讓大型投資機構來投資你，不懂這個名詞就很完蛋。

什麼叫做第一性原理？也就是用某一種基本邏輯的思維去思考問題，而不是用比較性的思維。我們在

生活中總是傾向於比較性思維，也就是別人已經做過了，而我也正在做這件事，所以我們就去做。

因為現在很夯，所以我也來創業，就是比較性思維。

比如說，有人開店推出珍珠奶茶，你可能就會想：我可以做得比他好喝，而且加賣燒仙草是不錯的主意！此時的你是站在和他較量「珍珠奶茶」的基礎上去想，而這樣的結果並沒有進化。或者應該這麼說，這是微改變，但是並沒有產生非常大的變化。當你沒有辦法改變太多，你的命運也跟其他模仿者差不多，而你改進的那個小步驟、小創意，很容易被模仿。

其實賈伯斯、馬斯克這些偉人，都是發揮了他認定的第一性原理的人。

那麼這是一個什麼樣的思考方式呢？

馬斯克以前是學物理學的，他用物理學的角度去看待世界，也就是說做任何一件事情，必須一層又一層剝開事物的表象，看到裡面的本質的東西，然後再

從最基礎，一層一層往上走。聽起來有點頭昏對不對？因為大家都不擅長用這個語言邏輯來思考，我再來舉個例子。

抽絲剝繭看到原始狀況

馬斯克目前最優秀的項目就是特斯拉電動車，在研發過程中，我就很關注這個創舉，這是我人生第一部主動想買的車，以前買的那些車，都是為了要送小孩上學，但第一部真心想買的是特斯拉。

當然我想買的是有翅膀往上飛的那一台特斯拉，但並不只是因為我覺得它很炫：它的確很炫，不過我的理由是「想要親身參與體會電動車時代巨輪的轉變」。

可是後來因疫情阻隔，就沒有花這筆錢。為什麼沒有？特斯拉宣布，它也要向共享經濟邁進，也要推出更便宜的大眾車款！當今社會的經濟原理也就是「第一性原理」，叫做共享經濟，以後有很多頂級必

需品都會變成共享。我認為電動車會用某種方式變成共享，所以還是等一等吧！

在電動車研發的過程中，很多人都覺得電動車不可能會成功，因為電池成本降不下來。馬斯克的第一性原理就是，不管電池有多貴，只從本質問一個問題：電池是用什麼東西構成的？無論如何也減不下去的成本是什麼？他沒找專家，自己開始研究電池。把電池抽絲剝繭回到了原始狀況，解決它的電力和成本問題。雖然他對電池是個門外漢，但是卻很相信一件事情：宇宙中所有的學問，都有共通的道理。

他學物理出身，很聰明、也夠相信自己，電池中有鐵、鋁、鎳這些金屬，這些金屬的成本是絕對降不下去的嗎？這些金屬都因為有國際公定價格所以很難降，但是電池裡其他的東西，都是工業過程中所產生的，那麼就有優化的空間、有可以減成本的空間。

馬斯克都從成本著手，直接就看到東西的本質，什麼是不可以省的呢？確定之後，那麼其他的都叫做可以省的。

人生的取捨也與第一性原理相關

我們該建立自己的第一性原理。也就是在人生裡面，找到一個自己思考的基本原則，找出最簡單的東西抽絲剝繭，解決問題，用那個參照點為自己把一些偏誤導正。

例如小孩跟同學處不好、不想去上課，我就會問：你上課最重要的是什麼？你開心嗎？你得到知識的時候開心嗎？你自己想一下，用什麼方式去學校跟同學相處會開心？

某一個時間內，也許事情很多，但我在陷入忙亂前會問自己：哪一件事情是我覺得最重要、一定要做的？其他的東西如果跟這件事的時間起衝突時，就不要讓它來打擾自己。

我用的方法也接近馬斯克的「Timeboxing（時間管理法）」，就是在一段時間方塊內，針對一件事情解決。如果你的事情也不少，這是可以高效解決問題的方法。

也別把第一性原理看太玄！我們做任何事情都有「第一重要」，比如婚姻。若覺得婚姻的本質是想要家人生活在一個屋簷下才幸福，那麼第一性原則就要過著幸福的生活，不要太計較一些枝枝節節，如果有任何不舒服，想辦法溝通，別讓小問題變成大問題，把握最重要的事情，那就對了。

　　最後我提醒大家，永遠不要嘲笑夢想者。馬斯克的移民火星大夢，誰說不會實現？

　　我們未必看得到就是了！

▶ 注意思考上的因循苟且，還有思考上的侷限。

▶ 做任何事情，必須層層剝開事物的表象，再從最基礎層層往上走。

▶ 馬斯克從成本著手，直接就看到東西的本質，不可省之外都是可省的。

▶ 最重要的是什麼？當和其他事情相牴觸時，執行重要的，放棄其他事。

▶ 不要嘲笑夢想者，但是也不要一事無成。

BIG 叢書 365

人生實用商學院：誰偷了你的錢？

作　　者—吳淡如
主　　編—林菁菁
企劃主任—葉蘭芳
校　　對—聞若婷
企　　劃—廖翊君
封面圖片—好房網
封面設計—秦華
內頁設計—李宜芝
內頁圖表—Kathy

總 編 輯—梁芳春
董 事 長—趙政岷
出 版 者—時報文化出版企業股份有限公司
　　　　　108019 台北市和平西路三段 240 號 3 樓
　　　　　發行專線－ (02)2306-6842
　　　　　讀者服務專線－ 0800-231-705‧(02)2304-7103
　　　　　讀者服務傳真－ (02)2304-6858
　　　　　郵撥－ 19344724 時報文化出版公司
　　　　　信箱－ 10899 臺北華江橋郵局第 99 信箱
時報悅讀網—http://www.readingtimes.com.tw
法律顧問—理律法律事務所 陳長文律師、李念祖律師
印　　刷—勁達印刷股份有限公司
初版一刷—2021 年 7 月 16 日
初版三十刷—2024 年 7 月 2 日
定　　價—新臺幣 360 元
（缺頁或破損的書，請寄回更換）

時報文化出版公司成立於一九七五年，
並於一九九九年股票上櫃公開發行，於二○○八年脫離中時集團非屬旺中，
以「尊重智慧與創意的文化事業」為信念。

人生實用商學院：誰偷了你的錢 ?/ 吳淡如著 . -- 初版 . -- 臺北市：時報文化
出版企業股份有限公司 , 2021.07
　　面；　公分

ISBN 978-957-13-9127-4(平裝)

1. 金錢心理學　2. 理財

561.014　　　　　　　　　　　　　　　　　110009276

ISBN 978-957-13-9127-4
Printed in Taiwan